Burkhard Metzger

Streiflichter aus dem Leben eines Polizeibeamten

1/12/11

STIEGLITZ VERLAG
D-75417 Mühlacker
A-8952 Irdning/Steiermark

Gestaltung des Umschlags: Elser Druck GmbH

Bibliografische Information der Deutschen Bibliothek
Die Deutsche Bibliothek verzeichnet diese Publikation in der Deutschen Nationalbibliografie; detaillierte bibliografische Daten sind im Internet über http://dnb.ddb.de abrufbar.

ISBN-10: 3-7987-0402-2
ISBN-13: 978-3-7987-0402-2

D-75417 Mühlacker
A-8952 Irdning/Steiermark
2009

Druck: Karl Elser Druck GmbH, Mühlacker

Widmung

Dieses Buch widme ich allen Polizeibeamtinnen und Polizeibeamten, die den schwierigen beruflichen Anforderungen gerecht werden und es dabei verstanden haben, Mensch zu bleiben.

Inhalt

Vorwort

Die folgenden Geschichten habe ich im Polizeidienst erlebt. Teilweise sind sie humorvoll und regen zum Schmunzeln an, teilweise ernst und manchmal belastend.

Als Polizist nimmt man schöne, aber auch schmerzliche und nachdenklich machende Eindrücke vom Leben mit.

Unterm Strich eine Vielfalt von Ereignissen und Erfahrungen, die man in so gehäufter Form nur in wenigen Berufen erlebt und die vielleicht auch deshalb zur täglichen Motivation beitragen.

Die meisten Geschichten sind recht kurz gehalten. Wie im richtigen Leben, wo auf einen Einsatz der nächste folgt und oft nicht die Zeit bleibt, das Erlebte gleich zu verarbeiten.

Mit diesem Buch will ich Ihnen, liebe Leserinnen und Leser, einen kleinen Ausschnitt aus der echten Polizeiarbeit nahebringen.

Ich widme es allen Polizeibeamtinnen und Polizeibeamten, die es verstehen, den beruflichen Anforderungen gerecht zu werden und dabei doch Mensch bleiben.

Burkhard Metzger

Uniform

Ein traumhaft schöner Frühlingsvormittag im April. Mein Motorrad ist seit zwei Wochen für die Saison zugelassen.

Nach dem Kaffee und einem Frühstücksei kann ich es kaum erwarten: Rein in die Lederkombi, Jethelm auf, Elektrostarter, tiefes Motorenbrummen, Motorradbrille. Dann geht es los.

Eine kleine Tour durch den Landkreis ist angesagt. Kurvenreiche Straßen, vorbei an idyllischen Ortschaften, Seen und Weinbergen, über gut ausgebaute Fahrbahnen, die es erlauben, die Maschine tief in die Kurven zu drücken und satt heraus zu beschleunigen.

Der Schichtdienst hat schon Vorteile. Man kann es sich erlauben, dann auf der Straße unterwegs zu sein, wenn sie fast leer ist. Autofahrer oder andere Motorradfahrer begegnen mir kaum. Fahrspaß total!

Die paar Sekunden von Null auf Hundert und die geballte Kraft des Motors, die mich beim Überholen mit nach vorne reißt, milde Temperaturen, Sonnenschein. Es könnte ewig so weitergehen.

Doch nicht heute. Gegen zwölf Uhr stelle ich mein Motorrad im Innenhof des Polizeireviers ab. Der Auspuff knistert noch, als ich ins Gebäude gehe. Mit einem Hallo vorbei an den Kollegen unserer Vorgängerschicht.

Nach drei Stockwerken dunkler Treppe bin ich im Umkleideraum des Reviers angelangt. Die Luft riecht verbraucht.

Meine Lederkombi und meinen Helm lege ich auf einen Stuhl vor meinem Schrank.

Dann ziehe ich mich an. Der Rhythmus ist mir schon in Fleisch und Blut übergegangen. Zuerst die beigefarbenen Socken, dann die Uniformhose und das Diensthemd.

Meine Schuhe haben es mal wieder nötig geputzt zu werden. Dank Schnellpflegesystem mit integriertem Schwamm und vollendetem Glanz kein Problem mehr.

Zuletzt die Schulterklappen und die grüne Krawatte. Ein prüfender Blick in den Spiegel. In Ordnung.

Noch die Pistole und die Handschellen, die ich in meinem Stahlfach aufbewahre.

Dann bin ich fertig für die Ablösung. Mein Dienst kann beginnen.

Maden

Ein heißer Sommertag. Über 30 Grad.

Ich bin mit einem älteren Kollegen schwitzend im Streifenwagen unterwegs.

Der Auftrag über Funk: „Eine alte Frau in der Rosenstraße wurde seit mehreren Tagen nicht mehr gesehen. Kümmern Sie sich darum!"

Ein etwas heruntergekommenes Mehrfamilienhaus.

Beim Betreten die Feststellung, dass der Briefkasten der Frau überquillt.

Die Nachbarn wissen nichts. Wollen nichts wissen?

Die Frau wohnt in zwei Zimmern direkt unterm Dach.

Die Klingel funktioniert nicht. Erst zaghaftes, dann lautes Klopfen an der Wohnungstür. Keine Reaktion.

Wir entschließen uns dazu, die Türe aufzubrechen. Die leistet keinen nennenswerten Widerstand und klappt beim ersten Schulterstoß auf.

Schlagartig süßlicher Geruch!

In banger Erwartung gehen wir in die Wohnung.

Die Frau liegt auf dem Boden vor ihrer Couch. Eindeutig tot.

Dann der Anblick, bei dem ich ein Erbrechen nur mühsam verhindern kann.

Überall am Körper der Frau, an den Augen, in der Nase, befinden sich mehr als halbzentimetergroße Maden.

Erst mal das Fenster auf und frische Luft holen.

Beerdigungsinstitut, Leichenwagen, Wohnung versiegeln, Feierabend!

Der Leichengeruch verschwindet auch nach dem dritten Duschen nicht aus der Nase. Das Abendessen bleibt unberührt stehen.

Manchmal sterben Menschen einfach so.

Kronenkranich

Verkehrschaos auf der Marbacher Straße.

Ein Kronenkranich ist aus einer nahe gelegenen Voliere entkommen und hat die vierspurige Straße zu seiner Landebahn erkoren.

Der Verkehr in stadtauswärtiger Richtung steht still. Zwischenzeitlich sind vier Streifenwagen da, und acht Polizisten versuchen das Tier einzukreisen und an den Straßenrand zu drängen.

Der Kreis hat sich geschlossen. Was nun?

Der Kranich ist nicht ganz klein, sein Schnabel sieht scharf aus. Und wenn er den Kopf schräg hält und die Einkreisenden mustert, sieht er fast ein bisschen gefährlich aus.

Plötzlich breitet der Vogel seine Flügel aus und rennt los. Der Polizistenkreis öffnet sich im Bruchteil einer Sekunde. Zwischen stehenden Autos hindurch spurtet er auf die Gegenfahrbahn, auf der noch Autos fahren.

Dann der albatrosartige Start. Nur langsam gewinnt der Vogel an Höhe. Ein halber Meter, ein Meter!

Ein stadteinwärts fahrender Fiatfahrer macht eine Vollbremsung und versinkt angesichts der mächtigen Flügelspannweite des auf ihn zufliegenden Kranichs tief in seinem Sitz.

Zehn Zentimeter, mehr hätte zum Zusammenstoß nicht gefehlt.

Nach etwa fünfzig Metern landet der Kranich wieder auf der Marbacher Straße, und das gleiche Spiel beginnt von vorn.

Nur jetzt mit Vollsperrung der Gegenfahrbahn und einem zwischenzeitlich eingetroffenen Tierpfleger in unseren Reihen.

Kurze Besprechung der Taktik: Einkreisung.

Mit einem gigantischen Satz springt der Tierpfleger vor und packt den Kranich mit beiden Händen fest am Hals. Der ergibt sich mit lautem Kreischen, aber sonst widerstandslos in sein Schicksal und ist vermutlich froh, wieder in seine Voliere zu kommen.

Lachend und vielleicht auch ein wenig erleichtert wenden wir Polizisten uns wieder unserem üblichen Tagesgeschäft zu.

Obduktion

Praktikum bei der Kriminalpolizei.

Eine Frau wurde tot aufgefunden. Todesursache ungeklärt. Die Staatsanwaltschaft ordnet die Obduktion an.

Morgens acht Uhr dreißig: Der Gerichtsmediziner, eine stark qualmende Zigarre im Mund, erwartet uns schon.

Die Leiche liegt nackt in der Edelmetallwanne, so dass Blut und Körpersäfte direkt in den Abfluss fließen können.

Als er den Körper mit einem langen Schnitt öffnet, stehe ich mit dem Meterstab daneben, damit der sachbearbeitende Kollege ein Foto schießen kann, um den Vorgang zu dokumentieren.

Erst als aus der Bauchhöhle übelste Gerüche aufsteigen und die Kollegen und der Gerichtsmediziner zu lachen anfangen, merke ich, dass hier jemand einen Scherz mit mir gemacht hat.

Nachdem ich die Angelegenheit ohne mich zu übergeben und mitlachend überstanden habe, bin ich in den Kreis aufgenommen.

Das Surren der Fräse beim Öffnen der Schädeldecke nimmt mich dann doch noch stark mit.

Auch wenn die Notwendigkeit dieser Untersuchung unbestritten ist, verliert der Tod in derartigen Situationen doch sehr an Würde.

Untergegangen

Notruf 110.

Ein aufgeregter Anrufer aus einem am Fluss gelegenen Gasthaus meldet mitten in der Nacht, dass auf dem Grund des Neckars ein Auto steht, dessen Scheinwerfer noch brennen. Danach legt er auf. Ein Scherz? Falls nicht, ist rasches Handeln geboten.

Während mein Kollege und ich losfahren, verständigt die Einsatzzentrale den Notarzt, die Feuerwehr und die Deutsche Lebensrettungsgesellschaft (DLRG).

Wir fahren auf dem engen Uferstäßchen entlang und erkennen im Licht unserer Scheinwerfer eine Schneise vom Weg quer durch die Uferböschung in den Fluss.

Anhalten, aussteigen und ans Ufer rennen sind eins.

Dann der Anblick, den wir nicht für möglich gehalten haben: Etwa drei Meter unter der Wasseroberfläche steht ein Auto auf dem Grund des Flusses. Die Scheinwerfer brennen hell im trüben Wasser und leuchten in unsere Richtung.

Ob noch jemand im Fahrzeug ist, können wir nicht erkennen.

Kurzes Zögern. Das Wasser ist im Mai noch recht kalt.

Gerade als ich meinen Kollegen an der Rettungsleine angegurtet habe und er ins Wasser steigen will, trifft ein Feuerwehrfahrzeug ein. Ein Feuerwehrmann im Taucheranzug springt heraus, legt sich in Sekundenschnelle eine Sauerstoffflasche an und verschwindet im Wasser. Mein Kollege ist nicht unglücklich darüber.

Nach einer Minute taucht der Feuerwehrmann wieder auf. Niemand mehr im Fahrzeug.

Wir lassen das Ufer flussabwärts von Polizeistreifen absuchen. Fehlanzeige!

Dann die Meldung einer Streife, dass sie bei einer zehn Minuten entfernten Gaststätte einen total durchnässten betrunkenen Mann aufgegriffen hat.

So gut er es in seinem Zustand kann, beteuert er, allein im Fahrzeug gewesen zu sein. Wir haben keinen Grund, an seiner Aussage zu zweifeln.

Ein Krankenwagen bringt den Betrunkenen ins Krankenhaus, wo er untersucht und wieder aufgewärmt wird. Er ist unverletzt. Eine Blutprobe wird ihm auch gleich entnommen. Der Führerschein ist weg.

Mit Hilfe eines Autokrans und Tauchern der Feuerwehr und der DLRG wird der Mercedes des Mannes aus dem Wasser geborgen.

Trotz allem: Glück im Unglück für den Fahrer. Er selbst sieht es genauso.

Heroin

Am Wochenende auf Nachtstreife.

Gegen Mitternacht teilt uns die Funkzentrale mit, dass an einem S-Bahnhof eine Person liegt, die sich nicht mehr bewegt.

Wir fahren mit Blaulicht und Martinshorn an.

Bei unserem Eintreffen sehen wir eine kleine Menschentraube im Bahnhofsgebäude stehen. Auf einer Treppe liegt ein etwa 25-jähriger Mann. Die Leute schauen nur.

Ein schneller Griff an die Halsschlagader des am Boden Liegenden. Nichts zu spüren. Neben seiner Hand liegen eine benutzte Spritze und ein verrußter Kaffeelöffel.

Wir beginnen mit der Wiederbelebung.

Dann treffen Rettungswagen und Notarzt ein.
Die professionelle Reanimation beginnt: Spritzen in den Brustkorb, Elektroschocks.

Der Körper auf der Treppe bäumt sich auf, zuckt. Wieder und wieder.

Nach Minuten, die wie im Zeitraffer vergehen, ein leichtes Kopfschütteln des Notarztes.

Nichts zu machen.

Schäferhund

Vor der Post in der Osterholzallee hat jemand eine jungen Schäferhund angebunden.

Als mein Kollege und ich eintreffen, freut sich das Tier losgebunden zu werden und tollt übermütig an der Leine herum.

Die Überlegung, den jungen Hund mit heimzunehmen und zu behalten, gefällt mir.

Die Realität sieht allerdings anders aus: Unsere Wohnung wäre vermutlich zu klein für einen ausgewachsenen Schäferhund, und schließlich könnte das Tier ja auch noch jemandem gehören. Also Tierheim.

Ohne Zögern springt der Hund in unseren VW-Bus hinein. Die Fahrt zum Tierheim übersteht er weniger gut. Wir werden den Bus nach Streifenende auswaschen müssen.

Den Hund an der Leine gehe ich in den Hof des Tierheims hinein. Was mich da erwartet, hätte ich mir niemals ausgemalt: Rund zwanzig Hunde unterschiedlichster Rasse und Größe springen laut bellend auf mich zu. Auf mich, der ich als Kind von einem Hund gebissen worden bin und seither einen ordentlichen Respekt vor diesen Tieren habe.

Mir bleibt als einzige Möglichkeit, die Situation zu bewältigen, die Chance, mich um einen zu kümmern, der vermutlich noch mehr Angst hat als ich: um den jungen Hund an meiner Leine.

Nachdem ich lange beruhigend auf ihn eingeredet habe, werde ich auch selbst wieder etwas sicherer und die Hundemeute um mich herum etwas leiser.

In diesem Moment stupst mich etwas in den Rücken. Ich drehe mich um und werde - so glaube ich jedenfalls - blass wie ein Blatt Papier. Ich knie am Boden, beruhige den kleinen Schäferhund, und hinter mir steht ein riesiger Irischer Wolfshund und schaut auf mich herunter.

„Keine Sorge, der tut nichts!", höre ich da die Stimme einer Angestellten des Tierheims.

Selten habe ich mich mehr gefreut, wieder unter Menschen zu sein.

Angezündet

An einem warmen Sommervormittag habe ich endlich einmal die Zeit gefunden, meine Vorgänge auf der Dienststelle in Ruhe zu bearbeiten.

Ich erfasse gerade einen Verkehrsunfall im Computer, als der Kollege, der heute die Einsätze leitet, aufgeregt zu mir kommt.

Die anderen Streifen haben dringende Aufträge und vor einem Container, den die Stadt als Übernachtungsmöglichkeit für Wohnsitzlose aufgestellt hat, brennt ein Mensch.

Ich fahre mit einem Kollegen von der Dienststelle aus los.

Als wir mit quietschenden Reifen beim am Stadtrand stehenden Wohncontainer eintreffen, sind die Feuerwehr und der Notarztwagen schon da.

Die Feuerwehr hat den brennenden Mann ergriffen und das Feuer mit Decken erstickt.
Jetzt liegt der Körper am Boden, von Sanitätern wegen der Brandwunden in ein leichtes Gazegewebe eingeschlagen.

Ein Wohnsitzloser, der regelmäßig im Container übernachtet, kennt den Vornamen des Brandopfers. Er erzählt uns, dass der Mann seit zwei Wochen im Container gewohnt hat und gestern Abend wie immer eine Flasche Schnaps getrunken hat.

Am Morgen ging er dann ins Freie, überschüttete sich mit Benzin aus einem Kanister, zündete sich mit seinem Feuerzeug an und brannte sofort am ganzen Körper lichterloh. Eine lebende und vor Schmerzen laut schreiende Fackel.

Jetzt liegt der schwerverletzte Mann im Gazegewebe eingeschlagen auf der Tragbahre.

Ein Sanitäter lässt uns einen Blick auf den Mann werfen.

Ein Anblick, der sich ins Gedächtnis brennt: Ein nackter, verkohlter Körper, durch die Hitze aufgeplatzte Haut, verschmolzene Kleidung, weggesengte Haare, ein starrer Blick aus unversehrten Augen in einem verbrannten Gesicht.

Das Schlimmste: Der Körper dampft noch, und verschiedene verschmorte Muskelpartien zucken unentwegt.

Entsetzt wende ich mich ab, bin froh darüber, dass der Schock in solchen Momenten gnädig alle Schmerzen nimmt.

Der Notarzt teilt uns mit, dass über achtzig Prozent der Körperoberfläche schwerste Verbrennungen erlitten haben. An ein Überleben ist nicht zu denken.

Der Verletzte wird in den Krankenwagen geladen. Langsam fährt das Fahrzeug zum Krankenhaus. Eile ist nicht mehr geboten.

Drei Tage später, nach vielen Morphiumdosen, stirbt der Wohnsitzlose im Krankenhaus, ohne das Bewusstsein wiedererlangt zu haben.

Warum er sich verbrannt hat, bleibt ungeklärt.

Bahnleiche

„Im Bahnhof hat sich einer vor einen einfahrenden Zug geworfen. Der Notarzt ist unterwegs, die Zugleitung verständigt“, schickt uns der wachhabende Kollege dorthin.

Beim Eintreffen eine Menschentraube von Gaffern auf dem Bahnsteig.

Auf den Gleisen liegt ein verunstalteter menschlicher Körper im Halbdunkel. Ein Arm und der Kopf fehlen.

Der Zug bleibt stehen, wir stellen zunächst die Personalien von Zeugen fest und räumen dann den Bahnsteig von Schaulustigen.

Nach glaubhaften Zeugenaussagen liegt eindeutig Selbstmord vor. Der Mann war ohne fremdes Zutun direkt auf die Gleise vor den Zug gesprungen.

Dann suchen wir den Zug und einen Teil des Bahnkörpers ab. Kopf und Arm werden gefunden und von plastikbehandschuhten Polizeihänden zum Zinksarg des Bestatters getragen.

Irgendwann sind alle Spuren gesichert. Die Bahnstrecke wird wieder freigegeben, der Zug fährt weiter.

Am Morgen, beim Bier nach dem Nachtdienst, werden teilweise Witze über die Bahnleiche gemacht.

Selbstschutz pur.

Wettrennen

Gegen drei Uhr morgens strahlt eine andere Streife über Funk eine Fahndung nach einem schwarzen VW-Golf und einem gelben Opel aus, die nach einem Hinweis von Passanten in halsbrecherischem Tempo auf einer vierspurigen Durchgangsstraße der Stadt unterwegs sind.

Wir sind gerade im Streifenwagen am Bahnhof unterwegs und beteiligen uns an der Fahndung, bis wir kurze Zeit später zu einem schweren Unfall am Ortseingang, kurz vor der Autobahnauffahrt, abgezogen werden.

Mit Blaulicht und Martinshorn fahren wir an und treffen nach wenigen Minuten an der Unfallstelle ein.

Dort kam ein gelber Opel in einer langgezogenen Kurve ins Schleudern, überschlug sich und prallte mit dem Dach voran auf einen Ampelmasten.

Der Fahrer, etwa 20 Jahre alt und allein im Fahrzeug, hatte keine Chance. Sein Oberkörper wurde zwischen Fahrzeugteilen und dem Ampelmast zerquetscht.
Der Kopf hängt in einem so unnatürlichen Winkel herunter, dass sein Genick vermutlich gebrochen sein dürfte.

Wir funken die Rettungswagenbesatzung an und teilen den Sanitätern mit, dass sie ihr Sondersignal ausschalten können.
Dann bestellen wir die Feuerwehr und einen Leichenwagen.

Zwischenzeitlich sind zwei weitere Streifen eingetroffen.

Eine regelt den Verkehr, die andere stellt die Personalien der Insassen des schwarzen VW-Golf fest, der etwa einhundert Meter nach der Unfallstelle zum Stehen kam.

Die drei jungen Männer sind kreidebleich und stehen unter Schock. Von einem Wettrennen wollen sie aber nichts gewusst haben. Wenn sie bei ihrer Vernehmung dabei bleiben, wird ihnen das auch schwer nachzuweisen sein.

Es würde an der Sache allerdings auch nichts mehr ändern. Zunächst können sie weiterfahren.

Die Feuerwehr hat das Unfallfahrzeug so auseinander getrennt, dass der tote Fahrer geborgen werden kann.
Der Leichenwagen fährt weg.

Kollegen des Nachbarreviers, in dessen Zuständigkeitsbereich der Verunglückte wohnte, verständigen seine Eltern.

Nachdem der Abschleppdienst die Fahrbahn gereinigt und das Unfallfahrzeug abtransportiert hat, fahren auch wir zur Dienststelle zurück, um unseren Unfallbericht zu schreiben.

Auf der Rückfahrt nehmen wir die Funkfahndung nach dem schwarzen VW-Golf und dem gelben Opel zurück.

Schlechte Manieren

Als die Innenstadt zum Sperrgebiet für Prostitution erklärt wird, verlagert sich der Autostrich auf den Parkplatz einer Firma am Stadtrand.

Vier bis sechs Damen gehen dort jede Nacht ihrem Gewerbe nach. Das Geschäft floriert.

Am Abend fährt ein angetrunkener Freier mit seinem VW vor und hält neben dem Mercedes einer Prostituierten an. Die brauchen eben etwas geräumigere Autos.

Er lässt sich erzählen, was die Dame alles bietet, fragt nach den Preisen und beleidigt sie dann, indem er ihr sagt, dass er ihr so viel Geld nicht einmal bezahlen würde, wenn sie zwanzig Jahre jünger wäre. In ihrem Alter wäre sie jedoch nicht einmal ein Zehntel der verlangten dreißig Euro wert.

Danach fährt er laut lachend in deutlichen Schlangenlinien weg und freut sich über seinen gelungenen Spaß.

Daran, dass die beleidigte Frau nachtragend sein könnte, hat er offensichtlich nicht gedacht.

Kurze Zeit später wird von der Einsatzzentrale aufgrund ihrer telefonischen Anzeige bereits die Fahndung nach dem VW ausgestrahlt, dessen Fahrer stark betrunken sein soll. Selbst das amtliche Kennzeichen des Fahrzeugs ist bekannt.

Fünf Minuten später sehen wir den Wagen plötzlich vor uns. Als wir das Blaulicht einschalten, gibt der Fahrer Gas. Er merkt jedoch schnell, dass er uns nicht abschütteln kann und hält auf dem Parkplatz eines Einkaufszentrums an.

Der durchgeführte Alkoholtest verläuft positiv. Wir gehen zur Blutentnahme ins Krankenhaus. Sein Führerschein wurde dem Mann wegen des gleichen Delikts schon vor zwei Jahren entzogen.

Die Geldstrafe, die ihn erwartet ,wird ein gutes Monatsgehalt ausmachen.

Auf die Prostituierte, die ihn angezeigt hat, schimpft er in unflätigster Weise.

Mit etwas besseren Manieren hätte er sich das Ganze vermutlich erspart.

Vermisst

Sonntagnachmittag erscheint eine etwa 45-jährige Frau beim Polizeirevier und teilt mit, dass ihr Mann Depressionen hat.

Am Mittag ist er aus dem Haus gegangen, um Schluss zu machen.

Wir erheben die Personenbeschreibung und organisieren eine Suchaktion. Insgesamt werden zehn Streifenwagen und ein Boot der Wasserschutzpolizei eingesetzt.

Gegen 17 Uhr treffen wir den Mann am Ufer des Neckars an.

Er ist gleichgültig und fährt widerstandslos mit in die Psychiatrie.

Dort wird er stationär aufgenommen und behandelt.

Nach drei Wochen darf er wieder nach Hause und erhängt sich einen Tag später an einer Heizung in seiner Wohnung.

Im Eis

Später Nachmittag an einem kalten Wintertag. Der See vor der Stadt ist schon seit mehreren Tagen zugefroren.

Dann der Notruf: „Schnell kommen Sie! Mein Freund ist beim Schlittschuhlaufen ins Eis eingebrochen und untergegangen!"

Das Notfallmanagement läuft an: Großalarm für Polizei, Feuerwehr, Notarzt und DLRG.

Als wir vor Ort eintreffen, wird es bereits dunkel. Die Feuerwehr leuchtet den See mit großen, auf Teleskopstativen angebrachten Scheinwerfern aus.

Am Ufer befindet sich ein etwa quadratmeter großes Loch im Eis.

Der Anrufer, ein zwölfjähriger Junge, lief mit seinem gleichaltrigen Freund Schlittschuh. Plötzlich war sein Freund weg, und er sah das Loch im Eis.

Die fieberhafte Suche beginnt. Helfer, die sich mit Lampen übers Eis tasten und in angstvoller Erwartung versuchen, darunter den Körper des Vermissten auszumachen.

Je mehr Zeit vergeht, um so unwahrscheinlicher wird die Chance auf Rettung.

Drei Stunden später, als die Suchaktion abgebrochen werden soll, stellt sich heraus, dass der angeblich untergegangene Junge zwar im Eis eingebrochen ist, sich aber ans Ufer retten konnte und - vom Freund unbemerkt - nach Hause ging.

Selten haben wir so gerne gefroren.

Freiheit

Freitagnachmittag im Spätsommer.

Ein eben angelieferter Stier reißt sich auf dem Weg vom Viehtransporter in die Schlachterei los.

Er flieht über die Hauptstraße und setzt seinen Weg ins nächste Maisfeld trotz kreischender Bremsen und lautem Hupen unbeirrt fort.

Als er die stark befahrene Landesstraße erreicht, verständigen verängstigte Autofahrer die Polizei.

Zwei Streifen treffen ein und versuchen, den Stier einzufangen, zumindest von der Straße wegzutreiben.

Er verschwindet kurz im Maisfeld und versucht, die Straße an einer anderen Stelle zu überqueren. Als der Stier auf die Fahrbahn springt, kommt es fast zu einem Unfall. Das Tier erschrickt und sucht wieder im Maisfeld Sicherheit.

Die Gefahr, dass tatsächlich etwas passiert, ist zu groß.

Von der Dienststelle wird ein Gewehr gebracht. Ein Kollege legt an, als der Stier das Maisfeld erneut in Richtung Fahrbahn verlässt.

Etwa 150 Meter: Blattschuss.

Das Tier liegt da und rührt sich nicht mehr.

Eine halbe Stunde später holt es der Schlachter mit einem Gabelstapler ab.

Eigentlich hätte der Stier die Freiheit verdient.

Gestürzt

Seit Jahren hat die etwa 70-jährige Frau aus der Talstraße die gleichen Gewohnheiten und den gleichen Tagesablauf.

Morgens um kurz nach sieben holt sie ihre Zeitung aus dem Briefkasten. Um halb neun geht sie zum Einkaufen, bringt gegen zwölf ihren Müll zur Mülltonne, macht am Nachmittag einen Spaziergang und verbringt den Rest des Tages in ihrer Wohnung.

Weil die Zeitung heute gegen elf Uhr immer noch im Briefkasten steckt, sie die Frau nicht zum Einkaufen gehen sah und weil aufs Klingeln an der Wohnungstür keine Reaktion erfolgte, macht sich eine Wohnungsnachbarin Sorgen und ruft die Polizei.

Auch auf unser Klingeln rührt sich in der Wohnung nichts.

Meine Kollegin hat von außen ein gekipptes Fenster entdeckt. Allerdings zu hoch für uns. Die Wohnung befindet sich im dritten Stock.

Wir bitten die Feuerwehr, uns zu unterstützen. Zehn Minuten später ist das Drehleiterfahrzeug schon vor Ort.

Die Leiter wird zum gekippten Fenster hinaufgefahren, ein Feuerwehrmann steigt hinauf, öffnet gekonnt das Fenster, klettert in die Wohnung hinein und macht uns die Wohnungstür auf. Die Frau hat er beim Durchqueren der Wohnung nicht gesehen.

Wir gehen hinein. Diele, Wohnzimmer, Küche und Bad sind sauber aufgeräumt.

Dann das Schlafzimmer: Die alte Frau liegt vor Schmerzen stöhnend und leise um Hilfe rufend in ihren Exkrementen auf dem Boden neben dem Bett.

Für das Glas Wasser, das meine Kollegin ihr bringt, schaut sie sie dankbar an.

Der Notarzt stellt einen Oberschenkelhalsbruch fest. Wir helfen den Sanitätern, die Frau auf die Bahre zu legen. Sie schreit dabei vor Schmerz auf.

Nachdem der Krankenwagen losgefahren ist, verschließen wir das Fenster und die Wohnungstür, verständigen den Sohn der Frau, dessen Telefonnummer wir in ihrem Adresskalender gefunden haben, und bitten ihn, den Wohnungsschlüssel beim Polizeirevier abzuholen.

Als wir uns später im Krankenhaus mit der Frau unterhalten, erzählt sie uns, dass sie beim Zubettgehen weggeknickt ist, einen stechenden Schmerz im Bein spürte und sich danach nicht mehr bewegen konnte.

Dass sie ihren Stuhl nicht halten konnte, ist ihr furchtbar peinlich. Ein Gedanke, den wir zerstreuen.

Die Frau hat viel Glück gehabt. Eine weniger aufmerksame Nachbarin, eine anonymere Wohnumgebung: Sie hätte die Situation nicht überlebt.

Jesus

„Jesus spricht durch meine Bilder zu mir!“ teilt uns die Anruferin um Mitternacht über das Notruftelefon mit. Sie muss sich einfach jemandem mitteilen, hält es sonst nicht mehr aus.

Kurze Zeit später läuten wir an der Tür der im fünften Stock eines Hochhauses gelegenen Wohnung der etwa 35-jährigen Frau.

Sie sieht gut aus, lächelt uns freundlich an, freut sich, dass wir so schnell kommen konnten, und zeigt uns die Bilder an den Wänden ihrer sauber aufgeräumten und geschmackvoll eingerichteten Wohnung.

Jesus am Kreuz, Jesus auf dem Ölberg, Jesus beim Vertreiben von Händlern aus der Kirche ... alles selbst gemalt.

Aussagekräftige Acrylbilder von intensiver Farbe, ausstellungsreif.

Sie erklärt uns die Bilder ausführlich und erzählt uns, welcher christliche Sendungsauftrag für sie daraus erwächst, wie der Kopf Jesus’ sich aus dem Bild in eine plastische Form verwandelt und ihr befiehlt, sein Evangelium in die Welt zu tragen.

Die Frau freut sich, in uns endlich jemanden gefunden zu haben, der ihr zu hört, der sie ernst nimmt.

Auch der Aufforderung, uns zu begleiten, folgt sie sehr gerne. Kann sie uns doch im Auto noch mehr von ihrer Mission erzählen.

Als wir sie in der psychiatrischen Klinik abgeben, bei der uns unsere Wache bereits telefonisch angekündigt hat, schaut sie uns nur kurz fragend und zögernd an.

Vom Arzt auf Jesus angesprochen, beginnt sie aber sofort zu erzählen und hat uns schnell vergessen.

Kindstod

Ich sitze am Funktisch auf der Wache. Gegen 13 Uhr ruft die Rettungsleitstelle an und teilt mit, dass in einem Vorort ein Kleinkind unter nicht geklärten Umständen zu Tode kam.

Eine Streife fährt zur angegebenen Adresse. Widerwillig und voller Angst vor der Situation.

Es gibt kaum schlimmere Anblicke als tote Kleinkinder. Ich bin sehr froh, heute die Einsätze von der Dienststelle aus zu leiten.

Die Kollegen kommen zurück und tippen ihren Bericht. Sie sind sehr ernst und wortkarg.

Auf der Heimfahrt denke ich intensiv über den immer wieder vorkommenden plötzlichen Kindstod nach und habe beim Gedanken daran, dass meiner drei Monate alten Tochter so etwas zustoßen könnte, fast Tränen in den Augen.

In der Nacht stehe ich bestimmt fünfmal auf, gehe zum Bett der Kleinen und lausche glücklich ihrem Atem.

Am nächsten Tag stellt sich bei der Obduktion des toten Kindes heraus, dass es erstickt wurde.

Es war zu laut.

Rauchvergiftung

Nachtstreife am Samstag. Ein ruhige Nacht. Zu ruhig!

Wir kontrollieren ein paar Fahrzeuge, machen eine halbstündige Fußstreife durch die Innenstadt. Nichts Auffälliges.

Es ist sogar genügend Zeit, um mit den Kollegen auf der Dienststelle gemeinsam zu Abend zu essen.

Der Brandalarm kommt erst in den frühen Morgenstunden.

Aus einem vierstöckigen Mehrfamilienhaus in der Innenstadt quillt dichter Rauch.

Wir stehen vor dem verrauchten Hauseingang. Im Gebäude ist alles dunkel. Die Sirenen der Feuerwehr, die Atemschutzgeräte hat, sind noch nicht zu hören.

Mein Kollege läuft ins Gebäude hinein, ich hinterher. Der Rauch wird immer dichter. Wir klingeln an allen Wohnungstüren und schicken die Bewohner im Schlafanzug auf die Straße.

Endlich ist das Haus geräumt. Wir stehen schwer hustend wieder auf der Straße.

Die Feuerwehr kommt endlich und löscht den Schwelbrand in der Erdgeschosswohnung.

Wie es zum Brand kam, kann zunächst nicht geklärt werden.

Nach drei Wochen huste ich immer noch und weiß jetzt, was das Wort Rauchvergiftung bedeutet.

Banküberfall

Der späte Dezembernachmittag ist kalt. Kurz vor Einbruch der Abenddämmerung kommt der Alarm für alle Streifen:

Banküberfall!

Ein mittelgroßer Täter mit hellem Trenchcoat, Bluejeans, schwarzer Motorradsturmhaube und langen dunkelblonden Haaren hat eine Bankkundin in einer kleinen Bankfiliale mit einer Pistole bedroht und die Kassiererin so gezwungen, den Kassenbestand an Bargeld herauszugeben.

Die Scheine steckte er in eine mitgebrachte weiße Plastiktüte und flüchtete zu Fuß.

Unsere Fahndung mit allen verfügbaren Streifen beginnt. Polizei in allen Straßenzügen des Vororts, in dem sich die Bank befindet.

Bei der Fahrt im Schritttempo durch eine Anliegerstraße, fällt uns etwa zwanzig Minuten nach dem Überfall ein Mann auf dem Gehweg auf.

Er ist mit einer Jeansjacke bekleidet und seine Haare sind unter einer Wollmütze verborgen. In der rechten Hand trägt er eine große Sporttasche.

Mein Kollege und ich schauen uns an: Dass der Mann unseren Streifenwagen regelrecht ignoriert, lässt in uns instinktiv den gleichen Verdacht aufkommen.

Wir springen aus dem Auto heraus, die Pistolen in der Hand.

Auf unsere Aufforderung hin lässt der Mann die Tasche fallen und nimmt die Hände hoch. Während mein Kollege mit seiner Waffe sichert, durchsuche ich den Mann und finde die im Hosenbund steckende Pistole.

Der Trenchcoat und die Plastiktüte mit dem Bargeld befinden sich in der Sporttasche.

Nachdem wir dem Täter die Festnahme erklärt haben, fahren wir mit ihm zum Tatort.

Die Kollegen der Kriminalpolizei übernehmen ihn. Die Zeugen erkennen ihn auf Anhieb wieder.

Das geraubte Geld wird an die Bank zurückgegeben.

Uns schmeckt das Feierabendbier an diesem Tag besonders gut.

Gerichtsverhandlung

Gut fünf Monate ist es her: Ein betrunkener Autofahrer rammte mit seinem Fiat ein Verkehrszeichen und entfernte sich danach unerlaubt von der Unfallstelle.

Ein Zeuge teilte das amtliche Kennzeichen des Fiat mit, mein Streifenpartner und ich fuhren zur Wohnadresse und nahmen den Fahrzeughalter, der leicht nach Alkohol roch zur Dienststelle mit, wo wir einen Alkoholtest durchführten.

Das Ergebnis von 3,4 Promille, die man dem Mann allerdings nicht ansah – er war noch recht sicher auf den Beinen – führte zur Blutentnahme und Führerscheinentzug.

Heute kommt es deswegen zur Gerichtsverhandlung. Ich gehe die dreihundert Meter vom Polizeirevier zum Gerichtsgebäude zu Fuß und denke nochmals über den lange zurückliegenden Fall nach. Im Prinzip eine klare Sache.

Der Richter ruft das Verfahren auf, und der Angeklagte und die Zeugen werden in den Gerichtssaal gebeten. Nach der Anwesenheitsfeststellung und einem Hinweis des Richters auf die Wahrheitspflicht werde ich gebeten, vor dem Saal zu warten.

Etwa siebzig Minuten warte ich, dann werde ich endlich aufgerufen.

Die Staatsanwältin bittet mich, den Fall zu schildern, was ich zu ihrem zustimmenden Nicken gerne tue.

Dann ist der Verteidiger an der Reihe.

Ob die Polizei überhaupt sicher sein könne, dass der Angeklagte gefahren sei? Der Zeuge habe doch nur das Kennzeichen des Fiat abgelesen und könne den Fahrer nicht beschreiben.

Ob es möglich wäre, dass der Angeklagte noch Alkohol in seiner Wohnung getrunken habe, bevor wir eintrafen?

Systematisch versucht er unsere Beweisführung zu erschüttern und meine Aussage unglaubwürdig zu machen.

Ich fühle mich absolut nicht mehr wohl auf meinem Stuhl, baue regelrechte Aggressionen gegen den Mann auf, kann aber alle getroffenen Maßnahmen begründen, besser rechtfertigen.

Nach einer halben Stunde – mir kommt die Zeitspanne viel länger vor – entlässt mich der Richter. Ich setze mich ins Publikum und verfolge die Verhandlung.

Der Angeklagte wird zu einer hohen Geldstrafe verurteilt, die Fahrerlaubnis wird ihm für die Dauer eines Jahres entzogen. Die Verhandlung ist zu Ende.

Erleichtert verlasse ich den Gerichtssaal. Draußen verabschiedet sich der Verteidiger höflich von mir.

Es dauert eine gewisse Zeit, bis man sich an diese Szenarien vor Gericht gewöhnt hat.

Eigentlich noch ein Kind

Ein Anruf aus dem großen Kaufhaus in der Innenstadt: Eine Ladendiebin will die Diebesbeute nicht zurück und ihre Personalien nicht angeben.

Im Büro der Kaufhausdetektive werden wir schon erwartet.

Ein stark geschminktes rothaariges Mädchen, fast noch ein Kind, sitzt auf einem Stuhl und schaut uns herausfordernd an.

Der Detektiv erklärt uns, dass er das Mädchen beim Stehlen von Unterwäsche beobachtet hat und sie die Sachen immer noch im Hosenbund versteckt habe.

Nach langem Zureden holt das Mädchen ein schwarzes Bustier mit dem dazu gehörenden Höschen im Wert von insgesamt 39.90 Euro unter seinem Sweatshirt hervor und gibt uns auch seinen Personalausweis.

Nadine X., dreizehn Jahre alt, wohnhaft in der Hauptstadt eines benachbarten Bundeslandes.

Wir nehmen sie mit, um von der Dienststelle aus ihre Eltern zu verständigen.

Die sagen am Telefon, dass ihre Tochter öfter von zu Hause ausreißen würde und wir sie einfach in den nächsten Zug setzen sollen. Geld zur Bezahlung der Zugfahrt hätten sie jedoch nicht.

Ende des Gesprächs.

Als Nadine in der gut geheizten Dienststelle unbewusst die Ärmel ihres Sweatshirts hochstreift, sehe ich die Einstichstellen in ihren Armbeugen.

Darauf angesprochen gibt sie ihre Heroinsucht unumwunden zu. Auch, dass ihre Eltern sie längst abgeschrieben haben, sie das Geld für Heroin mit Gelegenheitsprostitution auf dem Babystrich verdient und seit einem halben Jahr auf einen Therapieplatz hofft, weil sie es selbst nicht schafft, von dem Stoff loszukommen.

Nadine fährt auf Kosten der Stadt mit dem Zug nach Hause. Ihre Eltern haben versprochen, sie am Bahnhof abzuholen.

13 Jahre alt, abgeklärt, Ladendiebin, heroinsüchtig, Gelegenheitsprostituierte – eigentlich noch ein Kind.

Todesnachricht

Ein gemütlicher Sonntagmorgen.

Gegen halb elf dann der Telefonanruf einer benachbarten Dienststelle: Auf der Autobahn hat sich ein schwerer Unfall ereignet. Ein 38-jähriger Mann aus unserem Zuständigkeitsbereich kam dabei ums Leben.

Wir werden gebeten, die Todesnachricht zu überbringen und die vollständigen Personalien des Getöteten festzustellen.

Zusammen mit dem von uns abgeholten Pfarrer klingeln wir an der angegebenen Adresse.

Es öffnet eine junge Frau, ein vielleicht vierjähriges Kind spielt im Hintergrund.

Die Frau erfasst die Situation, lässt uns ein, hört zu, schlägt nach mir und sinkt dann weinend in meine Arme. Das Kind weint jetzt auch.

Wir sind alle eine Zeit lang sprachlos und versuchen, durch Blicke zu trösten.

Dann fasse ich mich so weit, dass ich den Unfallhergang schildern kann. Die Frau hört aufmerksam und still zu. Der Pfarrer redet wenig.

Danach erzählt sie, dass sie vorhatte, sich von ihrem Mann zu trennen.

Er war gestern Abend da, und sie hätten sich ausgesprochen.

Dabei kam auch sein fehlender Glaube an Gott zur Sprache, und irgendwie führte das Gespräch dazu, dass er auch seinen Frieden mit Gott machte.

Ein Gedanke, der sie jetzt mit Dankbarkeit und Glück erfülle.

Ich frage mich, ob der tödliche Unfall des Mannes ein Zufall war, der auch einen Voraus- oder Hinterherfahrenden hätte treffen können?

Oder wurde er, der am Vorabend mit seiner Frau und seiner Religion ins Reine kam, gezielt aus dem Leben abberufen?

Kleiner Abenteurer

Am frühen Sonntagmorgen sind ein Kollege und ich zu Fuß in der Innenstadt unterwegs. Die Straßen sind menschenleer. Es sind keine Autos unterwegs.

Vor einem Hochhaus kommt uns auf dem Gehweg ein vielleicht dreijähriger Junge im Schlafanzug entgegen.

Auf die Frage, wo er hin will und wo er herkommt, grinst er uns nur freundlich an.

Er kommt mit zum Polizeirevier und lässt sich auf dem Weg dorthin sehr gern von uns tragen.

Auf der Dienststelle darf er das Blaulicht eines Streifenwagens anschalten, bekommt eine Limonade und spielt dann voller Freude mit unseren Spielzeugpolizeiautos.

Plötzlich fängt der Kleine an zu weinen. Ein Kollege, der selbst Kinder hat, geht zu dem Kleinen hin, schnuppert am Schlafanzug und weiß, was Sache ist.

Als er seinen Verdacht äußert, steht er in Sekundenschnelle allein mit dem Jungen im Dienstzimmer.

Er rümpft die Nase, geht aber mit dem Kind ins Nebenzimmer. Als die beiden zurückkommen, lacht der Kleine wieder. Der Kollege lacht nicht.

Am späten Vormittag kommt ein aufgeregtes Ehepaar zum Polizeirevier und meldet, dass ihr kleiner Junge, während sie schliefen, aus der Wohnung verschwunden ist.

Der freut sich sehr, seine Eltern wiederzusehen.

Dienstunfall

In der Faschingszeit richten wir in der Nacht auf einem stadtbekannten Promillesträßchen eine Kontrollstelle ein. Dass polizeiliche Alkoholkontrollen durchgeführt werden, wurde in der örtlichen Presse mehrfach angekündigt.

Schon der vierte kontrollierte Autofahrer hat Pech. Er ist betrunken und muss mit einer Streife zur Blutprobe. Sein Flehen hilft nichts, sein Führerschein wird beschlagnahmt.

Wer weiß, dass jedes Jahr Hunderte von Menschen durch betrunkene Fahrer sterben, wer schon tote Kinder gesehen hat, deren Leben durch Alkoholunfälle beendet wurde, bevor es begann, verliert da jedes Verständnis.

An der Kontrollstelle geht die Arbeit weiter.

Langsam fährt ein Fahrzeug auf uns zu und hält etwa zweihundert Meter vor dem Kontrollort mitten auf der Fahrbahn an. Der Fahrer wendet und beschleunigt stark in entgegengesetzter Richtung.

Ein Betrunkener, ein Einbrecher, ein Täter, der noch mehr zu verbergen hat?

Ich starte den bereitstehenden Streifenwagen, ein Kollege springt auf den Beifahrersitz, und die Verfolgungsfahrt geht los. Mit quietschenden Reifen durch die erste scharfe Kurve und mit Vollgas auf die Rücklichter des Fliehenden zu.

Langsam holen wir auf, sind bis auf fünfzig Meter herangekommen.

Der Fahrer schneidet eine Einmündung mit hoher Geschwindigkeit, wir hinterher.

Dann läuft alles wie im Zeitraffer ab: Aus einer Seitenstraße biegt ein Auto ein, die Scheinwerfer direkt vor uns.

Innerlich schon den Aufprall vor Augen reiße ich das Steuer nach rechts. Wir schleudern mit dem Streifenwagen knapp an dem Entgegenkommenden vorbei, dann ein enormer Schlag und wir kommen mit geplatzten Reifen und gebrochener Achse auf dem Gehweg neben der Fahrbahn zu stehen.

Ein Blick zum Kollegen. Der ist blass, aber sonst in Ordnung. Keine Vorwürfe, nur Aufatmen. Nicht vorzustellen, was hätte passieren können.

Der flüchtende Fahrer wird von einer zweiten Streife angehalten. Er ist betrunken.

Dankbar darüber, dass nicht mehr passiert ist, nehme ich mir vor, in Zukunft in derartigen Situationen vorsichtiger zu fahren.

Demonstration

Am Sonntagnachmittag ist Großeinsatz angesagt. Eine politisch rechte Partei hat eine Veranstaltung in der Musikhalle beim Bahnhof angemeldet.

Die Aufklärung hat ergeben, dass sich Gegendemonstranten in großer Anzahl vor der Halle treffen und die Versammlung stören wollen.

Ab elf Uhr steht unsere Alarmhundertschaft um das Gebäude. Demonstranten sind noch nicht da. Die Mitglieder der Partei treffen nach und nach ein.

Ich kann mir für diesen schönen Sommertag, den ich normalerweise frei gehabt hätte, sehr viel Besseres vorstellen, als hier im Einsatzanzug zu schwitzen und eine Versammlung zu schützen.

Gegen zwölf kommen dann etwa vierzig Demonstranten. Ein Dutzend Punker sind auch darunter. Mit lauten Buh-Rufen begrüßen sie die Parteimitglieder, die in die Halle gehen.

Es werden immer mehr Demonstranten. Zwischenzeitlich ist die Zahl auf über hundert angestiegen. Sie versuchen, vor den Haupteingang zu gelangen und die Versammlungsteilnehmer am Betreten des Gebäudes zu hindern.

Wir drängen sie seitlich ab und kommen zwischen ihnen und den Parteimitgliedern zu stehen, die, provoziert, ebenfalls stehenbleiben. Nach beiden Seiten ist Deeskalation angesagt.

Endlich sind alle Versammlungsteilnehmer in der Halle. Die Lage im Freien entspannt sich.

Wir stehen runde vier Stunden in der Nachmittagshitze. Dann ist die Versammlung zu Ende. Als ein Parteifunktionär die Halle verlässt, kommt es zu Tumulten. Die Demonstranten suchen die handgreifliche Auseinandersetzung mit den Versammlungsteilnehmern, die einem Streit ebenfalls nicht aus dem Weg gehen.

Der Einsatzleiter befiehlt immer noch Deeskalation und verhandelt in vorderster Front mit den Demonstranten. Wir können dem Ansturm allmählich nicht mehr Stand halten.

Als der Einsatzleiter sich von einem Demonstranten unerwartet eine Ohrfeige einfängt, hat es mit der Deeskalation ein Ende. Mit Schutzschild und Schlagstöcken ist die gewaltbereite Meute schnell zurückgedrängt.

Die Demonstration löst sich auf. Es kehrt Ruhe ein. Wir rücken ab.

Es ist noch nicht zu spät, um zu Hause gemütlich zu grillen und den Tag zumindest angenehm ausklingen zu lassen.

Enten

Die sechsspurige Straße vor dem Polizeirevier ist stark befahren. Der Verkehr fließt.

Plötzlich sind von draußen quietschende Bremsen mehrerer Fahrzeuge, lautes Hupen und der Knall eines Auffahrunfalls zu hören.

Schon der erste Blick aus dem Fenster der Dienststelle zeigt, dass den Fahrzeuginsassen nichts passiert ist. Nur Blechschaden.

Schnell sind wir zu viert auf der Straße. Die Autos auf der stadteinwärtigen Fahrbahn stehen kreuz und quer, Personen laufen herum. Eine motorisierte Streife kümmert sich um den Unfall.

Die stadtauswärts fahrenden Fahrzeuge bewegen sich langsam an der Unfallstelle vorbei.

Dann sehen wir die Ursache des Übels:

Eine sichtlich aufgeregte Entenmutter versucht, mit ihren fünf Jungen die Straße im Gänsemarsch zu überqueren.

Geistesgegenwärtig sprintet ein Kollege auf die Gegenfahrbahn und hält den Verkehr an. Gerade noch rechtzeitig, bevor die Tierfamilie auch diese Fahrbahn betritt.

Zu zweit schnappen wir uns die Entenjungen, setzen sie in eine Polizeimütze, wo sie sich eng aneinander drücken, und tragen sie zum Teich eines in der Nähe liegenden Parks. Die Entenmutter watschelt laut schimpfend hinter uns her.

Nachdem die Entenjungen die Mütze verlassen haben, schwimmt ihre Mutter sofort mit ihnen ins sichere Wasser.

Die Enten haben Glück gehabt und werden schon nach wenigen Minuten von Spaziergängern mit Brotkrumen gefüttert.

Weniger Glück hatte der Kollege, dem die Transportmütze gehört: Nach einem kurzen angeekelten Blick ins Mützeninnere verschwindet die im nächsten Abfalleimer.

Ein Entschluss, den jeder von uns so getroffen hätte.

Vergewaltigung

Eine junge Frau aus einer Stadt in der Umgebung will sich neu einrichten. Ihr altes Ledersofa hat sie im örtlichen Anzeigenblatt für hundert Euro ausgeschrieben.

Schon beim ersten Verkaufsversuch meldet sich telefonisch ein Interessent, der gleich danach zur Besichtigung des Möbelstücks in die Wohnung der Frau kommt. Es handelt sich um einen jungen, braungebrannten, muskulösen und gut aussehenden Mann.

Nach einigen belanglosen Worten über das Sofa fordert er die Frau auf, sich auszuziehen. Als die nicht will, zwingt er sie mit seiner überlegenen Körperkraft zum Geschlechtsverkehr.

Nachdem er fertig ist und offensichtlich wieder etwas klarer denken kann, entschuldigt er sich bei der Frau und bittet sie, die Polizei nicht zu verständigen.

Dann geht er und lässt sein verstörtes Opfer in der Wohnung zurück. Die Anzeige erfolgt erst Stunden später.

Weil der Täter im Gespräch mit der Frau erwähnt hatte, dass er aus unserer Stadt stammt und gesehen wurde, wie er mit einem roten Ford mit einer auffälligen weißen Motorhaube wegfuhr, nutzen mein Streifenpartner und ich die sonntagvormittägliche Ruhe, um die Straßenzüge unseres Revierbereichs abzufahren.

Nach knapp zwei Stunden sehen wir das am Straßenrand geparkte Auto. Wir stellen den Fahrzeughalter fest und klingeln an dessen Wohnungstür. Die Tür wird nicht geöffnet. Es sind auch keine Geräusche aus der Wohnung zu hören.

Als wir den Rollladen hochschieben und durch ein Fenster in die Wohnung hineinschauen, meine ich, eine huschende Bewegung gesehen zu haben. Sicher bin ich mir allerdings nicht.

Ein Kollege einer zur Verstärkung eingetroffenen zweiten Streife klingelt daraufhin mehrmals, klopft laut an die Wohnungstür und kündigt an, dass wir die Türe jetzt aufbrechen, falls nicht geöffnet wird.

Da wird ein Schlüssel im Schloss bewegt. Der Wohnungsinhaber – die Personenbeschreibung passt wie das Tüpfelchen aufs i – fragt uns mit sichtlich schlechtem Gewissen, was wir denn wollen.

Wir sagen es ihm, nehmen ihn sofort fest, legen ihm Handschellen an und überstellen ihn der zuständigen Dienststelle.

Über den Dankesbrief der dortigen Kollegen, der uns zwei Tage später über den Dienststellenleiter erreicht, freuen wir uns genauso sehr wie über die Tatsache, den Täter dingfest gemacht zu haben.

Gut, dass die Frau den Mut aufbrachte, Anzeige zu erstatten.

Irrtum

Das Konzert im Forum ist vorbei. Ein etwa 65 Jahre alter Mann geht mit seiner Frau lächelnd in Richtung Parkplatz.

Dort der Schrecken: Das Auto ist nicht mehr da. Abgeschleppt? Gestohlen?

Zehn Minuten brauchen die beiden, um zu Fuß zur Polizeiwache zu kommen.

Völlig verstört schildern sie den Vorfall.

Die Überprüfung bei der Einsatzzentrale ergibt, dass der Opel nicht abgeschleppt wurde.

Es folgt die Anzeigenaufnahme, und mehrere Streifen fahnden im Stadtgebiet nach dem gestohlenen Fahrzeug.

Noch während ich die Diebstahlsanzeige schreibe, meldet eine Streife, dass sie den Wagen auf dem zweiten Parkplatz des Forums gefunden hat. An genau der Stelle, an der er auf dem falschen Parkplatz angeblich gestohlen wurde.

Die Parkplätze verwechselt? So etwas kommt vor.

Das Ehepaar ist überglücklich.

Auf den Wangen des Mannes ist eine leichte Röte zu sehen, als er mich entschuldigend und die Achseln zuckend anschaut.

Kein Problem. Ich zerreiße seine Anzeige und fahre die beiden sympathischen Leute zu ihrem Auto.

Die zehn Euro für die Kaffeekasse der Schicht werden mir ohne Chance zur Ablehnung aufgedrängt.

Höhenangst

Der Samstagnachmittag ist ruhig. Nur ein paar Kinder sollen auf einer Baustelle spielen.

Wir fahren hin, parken den Streifenwagen in einer Seitenstraße und gehen das letzte Stück zu Fuß.

An der Baustelle, auf der ein Mehrfamilienhaus entsteht, fällt uns nichts auf. Keine Kinder, bis unser Blick auf den Kran fällt, der am Rande der Baugrube steht.

Hoch oben im Führerhaus ist der Haarschopf eines Kindes zu sehen. Ein weiteres, vielleicht sechsjähriges Kind hält sich in etwa zehn Metern Höhe an der im Gestänge des Krans verlaufenden Leiter fest.

Ein Anblick bei dem mir – dem schon auf dem Dreimeterbrett im Schwimmbad schwindelig wird – das Blut in den Adern gefriert. Meinem Kollegen ist die Sache genauso wenig geheuer.

Wir rufen den Kindern zu, doch herunterzukommen.

Der Junge aus dem Führerhaus klettert daraufhin brav nach unten.

Das Kind auf der Leiter reagiert gar nicht und hält sich weiter krampfhaft fest. Doch wie lange noch? Das Gesicht ist totenbleich.

Weder mein Kollege noch ich wollen hinauf.

Das Los trifft mich.

Innerlich den Tag verfluchend beginne ich zu klettern, den Blick immer nach vorne auf das Kind gerichtet. Das macht die Sache einigermaßen erträglich.

Oben angelangt führe ich erst einmal ein beruhigendes Gespräch mit dem Jungen, der noch mehr Angst hat als ich.

Dann klettern wir beide langsam nach unten, der Kleine zwischen meinen Armen. Sprosse für Sprosse tasten wir uns vor, schauen immer geradeaus und vermeiden jeden Blick nach unten.

Etwa vier Meter über dem Boden ist dann mein Kollege da und übernimmt den Jungen, so dass ich mich die letzten Meter auf mich und meine zitternden Beine konzentrieren kann.

Unten angekommen nur Erleichterung. So große Erleichterung, dass wir gar nicht daran denken, mit den Jungs zu schimpfen.

Ich bekomme heute noch feuchte Handflächen, wenn ich an diesen Einsatz denke.

Chance fürs Leben

Samstagnacht, um kurz vor Mitternacht, werden wir zu einer Hausstreitigkeit gerufen.

Wir stellen fest, dass ein Mann seine Frau in einem Anfall von Eifersucht furchtbar verprügelt hat.

Weil er total betrunken ist und immer wieder auf die Frau losgehen will, nehmen wir ihn in Gewahrsam. Er wird die Nacht bis zu seiner Ausnüchterung in der Polizeizelle verbringen. Eine zweite Streife holt ihn ab.

Danach reden wir mit der Frau, und sie gibt an, aufgrund des Vorfalls eine Packung Schlaftabletten geschluckt zu haben. Ein Krankenwagen bringt sie ins Krankenhaus, wo ihr der Magen ausgepumpt wird.

Beim Verlassen der Wohnung hören wir Geräusche aus einem Zimmer.

Wir gehen hinein und sehen zwei etwa vier und sechs Jahre alte Mädchen im Bett sitzen.

Sie sind nicht erschrocken, dass um Mitternacht zwei wildfremde Polizisten ihr Zimmer betreten.

Nachdem wir ihnen erklärt haben, dass Mama und Papa heute Abend nicht zu Hause schlafen können, lassen sie sich gerne von uns anziehen, kommen widerspruchslos mit und freuen sich schon auf die Übernachtung im Kinderheim.

Normalerweise weinen Kinder in dem Alter doch, wenn sie von ihren Eltern getrennt werden.

Schießfortbildung

An einem Septembervormittag bin ich als Leiter der Schießfortbildung unserer Polizeidirektion eingeteilt. Zusammen mit zwei Kollegen meiner Schicht – einer gibt Patronen aus, der andere unterstützt mich als Aufsicht beim Schützen – sind wir gegen halb acht Uhr am Schießstand eingetroffen.

Der liegt im Freien. Weil die Sonne das tief liegende Schießgelände noch nicht erfasst hat, ist es dort noch recht kühl. Wir richten die Patronen, stellen die Zielscheiben auf und warten auf die Kolleginnen und Kollegen. Heute wird mit der Maschinenpistole geschossen.

Die Ersten treffen ein. Jeder Schütze erhält fünfzig Schuss Munition. Die Magazine werden gefüllt. Ich erkläre die Übung, achte darauf, dass keine anderen Personen vor den Schießenden stehen und gebe dann das Kommando „Feuer frei!“.

Die meisten treffen mit der Maschinenpistole ganz gut und erfüllen die Übung.

Um halb zehn erreicht die Sonne den Schießstand, und es wird sehr viel wärmer und angenehmer. Eine Streife unseres Polizeireviers bringt uns belegte Brötchen mit warmem Fleischkäse, dem Grundnahrungsmittel im polizeilichen Schichtdienst. Jetzt hat der Tag endgültig gewonnen.

Ich beiße gerade genüsslich in das Brötchen, als der Leiter meines Polizeireviers den Schießstand betritt. Er grinst über das ganze Gesicht, als er sagt, dass es ihn immer wieder freut, seine Leute so hoch motiviert arbeiten zu sehen. Leider ist es mir in dem Moment verwehrt, etwas zu entgegnen.

Nachdem ich geschluckt habe, begrüße ich ihn freundlich und frage ihn vor meinen feixenden Kollegen, ob ich zunächst theoretisch erklären solle, wie eine Maschinenpistole funktioniert, oder ob er es wage, gleich zu schießen.

Er wagt es direkt: Fünfzig Patronen, Übung erklärt, Waffe geladen, Grundstellung eingenommen! Plötzlich kracht es laut, und der Sand vor der Zielscheibe staubt auf.

In solchen Situationen macht sich eine gute Ausbildung bezahlt: „Halt, Waffe nach vorne richten! Sichern!“ Erst als dies geschehen ist, reden wir darüber, wie der Schuss sich gelöst hat.

Meinem Chef ist das Ganze sichtlich peinlich. Er war an den Abzug der vermeintlich gesicherten Waffe gekommen, was bewirkte, dass der Schuss sich löste.

Da wir alle Sicherheitsvorschriften beachtet haben, wurde nur etwas Sand aufgewirbelt. Trotzdem hadert er ziemlich mit sich.

Er schießt die Übung fertig und erfüllt die Anforderungen bravourös. Beim Abschied sagen wir ihm, dass wir natürlich für diesen Schrecken schon eine Wiedergutmachung erwarten. Er stimmt sofort zu, und als wir nach Schießende zur Dienststelle zurückkehren, steht eine Flasche guter Rotwein auf meinem Schreibtisch.

Der Vorfall zeigt mir, dass in der Routine doch einige Gefahr liegt. Andererseits dürfen beim Üben auch mal Fehler passieren. Besser da, als beim richtigen Einsatz.

Verkehrsunfall

Unerwarteter Wintereinbruch.

Um vier Uhr morgens sind alle Straßen glatt und verschneit. Es macht Spaß, den Streifenwagen bewusst zum Schleudern zu bringen.

Dann: „Schwerer Verkehrsunfall auf der Verbindungsstraße zum Nachbarort!“

Wir fahren in der stillen und weißen Nacht los. Kein Fahrzeug ist auf der Straße, die Schneedecke unberührt.

Am Unfallort sehen wir ein Auto, das auf ein Verkehrszeichen geprallt ist. Das Verkehrszeichen liegt umgeknickt auf der Straße.

Hinter dem Verkehrszeichen ist der Schnee rot. Dort liegt eine Frau, der das Schild den Schädel gespalten hat. Ihr Gehirn liegt auf dem Gehweg.

Ich kann nicht hinsehen und bin froh, dass die Kollegen der Fachdienststelle den Unfall übernehmen.

Zum Unfallzeitpunkt waren vielleicht zehn Autos in der Stadt mit 80.000 Einwohnern unterwegs.

Aids

Wir fahren zu einer lapidaren Hausstreitigkeit.

Der Sohn beschimpft und bedroht die Eltern in deren Wohnung. Auf der Fahrt der Hinweis der Funkzentrale: „Passt auf, der Randalierer hat Aids!“

Etwas verunsichert gehen wir in das betreffende Haus hinein und klingeln.

Die Eltern entschuldigen sich dafür, dass sie uns gerufen haben. Sie wussten sich nicht mehr anders zu helfen, weil ihr Sohn sie körperlich angriff. Die Mutter hat einen Bluterguss im Gesicht.

Der Sohn sitzt auf dem Sofa im Wohnzimmer. Wir sehen auf den ersten Blick, dass er aus mehreren Schrammen und Rissen an den Armen und im Gesicht blutet.

Sobald er uns sieht, geht er brüllend auf uns los. Wir überwältigen ihn, legen ihm Handschellen an und haben sein Blut an der Kleidung und an den Händen.

Nachdem er in der Gewahrsamszelle sitzt, desinfizieren wir uns mehrere Male. Die Angst, dass eine kleine Verletzung, ein nicht sichtbarer Riss in der Haut, vielleicht dazu geführt haben kann, dass wir uns angesteckt haben, bleibt.

Am nächsten Tag dann die Dienstunfallanzeige, Untersuchungen und Blutentnahmen beim Gesundheitsamt.

Erstes Testergebnis: Negativ. Aufatmen!

Erst als die Tests beim Polizeiarzt in den Folgejahren ebenfalls negativ verlaufen, kehrt richtige Erleichterung ein.

Erstickungstod

Nachts um zwei Uhr. Anwohner melden, dass ein Haus in einem Stadtteil brennt.

Wegen der Gasversorgung im betreffenden Gebiet besteht hohe Explosionsgefahr.

Alle im Dienst befindlichen Streifen des ganzen Landkreises fahren an.

Wir sind vor der Feuerwehr da. Das Haus steht in hellen Flammen. Kollegen rennen ins Erdgeschoss und ziehen Menschen im Schlafanzug auf die Straße.

Das Treppenhaus brennt, und die Bewohner der oberen Stockwerke haben keine Fluchtmöglichkeit.

Die Feuerwehr trifft ein: „Wasser Marsch aus allen Rohren."

Zwischenzeitlich steht unsere weiträumige Absperrung. Alle anliegenden Gebäude werden wegen der Explosionsgefahr evakuiert. Die Stadt öffnet eine Sporthalle, und das Rote Kreuz versorgt die Menschen mit Tee und Decken.

Es gelingt der Feuerwehr nicht, den Brand schnell unter Kontrolle zu bringen.

In den oberen Stockwerken des brennenden Hauses rufen Menschen um Hilfe.

Hitze und Qualm werden so stark, dass auf Anordnung der Einsatzleitung keine Einsatzkräfte mehr ins Haus dürfen.

Wir improvisieren Sprungtücher aus Decken und fordern die Menschen in den oberen Stockwerken auf zu springen. Die meisten tun es und überstehen es unverletzt oder mit Knochenbrüchen.

Eine 18-Jährige springt nicht. Wir sehen sie noch eine Weile am Fenster stehen. Dann nur noch Rauch.

Ein junger Mann hat sich durch die polizeiliche Absperrung gedrängt und will ins brennende Haus. Als ich ihn zurückhalte, reißt er mich mit einem Verzweiflungsschlag fast von den Beinen. Erst zusammen mit einem zu Hilfe kommenden Kollegen gelingt es, ihn zu überwältigen. Eine Widerstandsanzeige fertigen wir nicht.

Als der Morgen graut, ist der Brand endlich unter Kontrolle. Die 18-Jährige wird von der Feuerwehr tot geborgen.

Erstickt.

Einbrecher

In einer warmen Sommernacht, gegen 22 Uhr, teilt ein Anrufer mit, dass er soeben zwei Personen beobachtet hat, die sich an einem Kellerfenster einer Villa zu schaffen gemacht haben. Als die beiden ihn bemerkten, flüchteten sie mit einem alten Ford mit Frankfurter Kennzeichen in Richtung Innenstadt.

Sofort wird eine Großfahndung ausgelöst. Aus allen Richtungen fahren Polizeistreifen auf den Tatort zu.

Wir sind recht schnell, und als wir in eine Einbahnstraße einbiegen, kommt uns dort der Ford entgegen. Obwohl unser Blaulicht eingeschaltet ist, hält der Fahrer nicht an.

Sekunden, bevor das Auto auf unseren Streifenwagen prallt, springen Fahrer und Beifahrer aus dem Wagen heraus und rennen, so schnell sie können, in verschiedene Richtungen davon. Wir überstehen den Aufprall unversehrt.

Während mein Kollege sich um die Autos kümmert und Verstärkung anfordert, laufe ich einem der Täter hinterher.

Der ist enorm schnell, und ich verliere ihn aus den Augen.

Zwischenzeitlich sind alle verfügbaren Streifen da, und wir organisieren eine Durchsuchungsaktion der Vorgärten und Gebäudeeingänge in der Umgebung weil wir vermuten, dass sich die beiden infolge der starken Polizeipräsenz dort versteckt haben.

Schon nach kurzer Zeit finden wir den Täter, den ich verfolgt hatte. Er ist auf der Flucht in eine vier Meter tiefe Baugrube gestürzt und hat sich sein rechtes Bein gebrochen. Man sieht den hervorstehenden Knochen deutlich, und sehr schmerzhaft ist die Verletzung offensichtlich auch.

Mein Mitleid hält sich trotzdem in Grenzen.

Der Osteuropäer landet direkt im Vollzugskrankenhaus einer Haftanstalt, wo er ärztlich versorgt wird.

Die Suche nach dem zweiten Täter verläuft, obwohl Polizeihunde eingesetzt werden, ergebnislos.

Am nächsten Tag stellt sich heraus, dass die beiden Einbrecher versucht hatten, das Gitter vor dem Kellerfenster der Villa durchzusägen, um so ins Gebäude zu gelangen.

Die Kennzeichen des Ford sind gefälscht. Das Fahrzeug ist nicht versichert. Die Kosten für die Reparatur unseres Streifenwagens trägt das Land.

Der festgenommene Einbrecher wird, nachdem er wieder gehen kann, in sein Heimatland abgeschoben. Das kommt billiger als die teueren Haftplätze in Deutschland.

Verfault

Die Zeit vergeht in dieser Nacht einfach nicht. Es ist nichts los in der Stadt. Keine Unfälle, keine Straftaten, selbst die Hausstreitigkeiten bleiben aus.

Wir sind um Mitternacht losgefahren und jetzt seit gut zwei Stunden unterwegs. In den Diskotheken ist es ruhig. Der jüdische Friedhof, den wir regelmäßig überwachen müssen, liegt still da. Es sind so gut wie keine Autos unterwegs.

Nachdem mein Streifenpartner mir bestimmt ein Dutzend Mal gesagt hat, dass es für diese Zeit viel zu ruhig ist und ich dem zum wiederholten Mal zugestimmt habe, kommt endlich ein Funkspruch von der Wache.

Ein Autofahrer hat dort mitgeteilt, dass am Ortsrand ein Wohnsitzloser neben der Fahrbahn liegt, der nicht mehr weiterlaufen kann.

Wir fahren hin und sind auf eine stark alkoholisierte Person eingestellt, die ihren Rausch wohl in unserer Gewahrsamszelle ausschlafen wird.

Das mit dem Rausch bewahrheitet sich, als wir den Obdachlosen im Straßengraben gefunden haben. Der Mann jammert stark lallend und mit schmerzverzerrtem Gesicht vor sich hin.

Er ist uns bekannt. Es kam schon öfter vor, dass der Mann betrunken nicht mehr weitergehen konnte und die Nacht im Polizeigewahrsam verbrachte.

Zur Sicherheit werfen wir trotzdem noch einen Blick auf seine Füße.

Da der Mann selbst nicht mehr dazu in der Lage ist, zieht mein Kollege ihm einen Stiefel aus, während ich mit der Taschenlampe leuchte.

Lautes Stöhnen, als der Fuß aus dem Stiefel kommt. Auch von uns, den es stinkt widerwärtig.

Lumpen und eine Mullbinde sind um den offenen und faulenden Fuß gebunden. Zum Teil scheint der Stoff fast ins Gewebe der Haut eingewachsen zu sein. Angewidert wenden wir unseren Blick ab und verständigen den Rettungsdienst.

Kein Gedanke mehr daran, dass der Wohnsitzlose uns etwas vorspielt. Den Alkohol, den er intus hat, benötigt er vermutlich zu Betäubungszwecken.

Als der Rettungswagen eintrifft, wollen die Sanitäter den Mann zunächst nicht mit ins Krankenhaus nehmen. Ausnüchtern könne die Polizei auch selbst.

Ein Blick auf den bloßgelegten Fuß des Mannes und ein Hinweis auf Hippokrates überzeugen aber auch sie, dass hier eine medizinische Behandlung dringend notwendig ist.

Es ist nicht die erste und es wird nicht die letzte sein, die zu Lasten unseres Sozialstaates geht.

Hundetod

Zur Feierabendzeit ereignet sich am Ortseingang der Stadt ein Verkehrsunfall.

Während die Autokolonnen aus der Stadt drängen, rennt ein Schäferhund über die stark befahrene Straße.

Die beiden stadtauswärtigen Fahrstreifen schafft er noch. Dann hat sein Glück ein Ende.

Obwohl der VW-Fahrer, so stark er kann, bremst, erfasst er den Hund frontal mit seinem Fahrzeug. Das Tier wird durch die Luft gewirbelt und ist wohl schon beim Aufprall auf die Straße tot.

Zwei weitere Autos krachen in den zwischenzeitlich stehenden VW. Insgesamt fünf Halswirbelschleudertraumen und rund zehntausend Euro Sachschaden sind die Bilanz des Unfalls – und ein toter Schäferhund.

Er ist gepflegt, hat aber keine Hundemarke um den Hals. Ob der Besitzer den Unfall gesehen hat? In Anbetracht des entstandenen Schadens lässt er sich auf jeden Fall nicht an der Unfallstelle blicken.

Nachdem die Unfallautos abgeschleppt sind, bleibt nur noch der tote Hund.

Plastikhandschuhe anziehen.

Dann das widerliche Gefühl beim Verfrachten des noch warmen toten Tierkörpers in den blauen Müllsack aus dem Streifenwagen.

Die letzte Fahrt des Schäferhunds beginnt.

Zunächst zur Dienststelle und, als alle Versuche, den Besitzer zu ermitteln, keinen Erfolg haben, zum Container der Tierkörperbeseitigungsanstalt.

Dass zwischenzeitlich die Leichenstarre eingesetzt hat, macht es noch schwieriger, den Tierkörper durch den metallenen Einwurfschacht in den übel stinkenden Container zu werfen.

Wegen der steif abstehenden Hundebeine muss ich kräftig drücken, bis das Tier endlich im Container verschwindet.

Eine Sache, die ziemlich Überwindung kostet.

Angst

Ruhestörung. Nachbarn beklagen sich, dass die Party der jungen Leute zu laut ist und sie auf die Bitte, die Musik leiser zu stellen, einfach nicht reagieren.

Schon beim Heranfahren ans Gebäude sind die Rolling Stones deutlich zu hören.

Im Treppenhaus wird der Lärm dann ohrenbetäubend.

Die Tür zur Partywohnung steht auf, und wir gehen hinein. Mein Kollege schaltet die Stereoanlage aus. Wir ermahnen den Wohnungsinhaber, die Musik jetzt aus zu lassen.

Der geht im Zustand fortgeschrittener Trunkenheit auf meinen Kollegen zu und versucht ihn zu schlagen.

Überwältigung, Handschellen anlegen, durchs Treppenhaus Richtung Streifenwagen.

Plötzlich spüre ich eine Hand an meiner Pistole.

Mit aller Kraft presse ich die Waffe ins Holster, damit der in Gewahrsam Genommene mit seinen Fingern nicht den Abzug erreicht.

Trotz gefesselter Hände entwickelt der Mann Bärenkräfte. Ich erwarte ständig den Einschlag einer Kugel in meinem rechten Bein.

Erst als mein Kollege kompromisslos und mit aller Kraft auf den Gefesselten einschlägt, lässt der los.

Danke.

Rettungsunfall

Nachmittags auf Streife hören wir, wie das benachbarte Polizeirevier über Funk bei der Rettungsleitstelle einen Rettungswagen für einen Verkehrsunfall mit Schwerverletzten anfordert.

Die Bestätigung der Leitstelle „Rettungswagen unterwegs!" kommt eine Minute später.

Kurz darauf braust das Fahrzeug mit Blaulicht und Martinshorn an uns vorbei. Es geht um Menschenleben, und jede Sekunde kann kostbar sein. Wir hoffen, dass das Fahrzeug rechtzeitig an der Unfallstelle ankommt.

Dann, wie ein Schlag: Die Rettungsleitstelle meldet, dass der Rettungswagen auf der Fahrt zur Unfallstelle selbst einen schweren Unfall hatte.

Der Unfallort liegt in unserem Zuständigkeitsbereich, ist etwa 500 Meter entfernt.

Blaulicht an, Martinshorn, Vollgas!

30 Sekunden später sind wir da. Der Rettungswagen liegt auf der Seite. Ein Mercedes-Kombi steht, auf der Fahrerseite völlig eingedellt, mitten auf der Kreuzung.

Eine Frau liegt auf der Straße. Die Sanitäter stehen blutüberströmt, totenbleich und regungslos daneben. Ich ahne das Schlimmste.

Der Fahrer des Rettungswagens ist nicht in der Lage zu sprechen. Sein Beifahrer sagt, dass der Mercedes plötzlich da war und deutet verzweifelt auf die Frau am Boden.

Nach einem Griff an die Halsschlagader und einem Blick auf die Sanitäter, deren Miene eindeutig sagt, dass nichts mehr zu machen ist, hole ich die Leichendecke aus dem Streifenwagen und decke die Frau zu.

Der Fahrer des Krankenwagens fängt still an zu weinen. Tränen tropfen auf die blutverschmierte Fahrbahn. Uns ist selbst nach Heulen zumute. Dann kommen zwei weitere Rettungswagen mit Blaulicht und Martinshorn angefahren.

Einer hält, der andere fährt weiter.

Die unfallbeteiligten Sanitäter werden von ihren Kollegen ins Krankenhaus gebracht. Es sind ein paar Wunden zu nähen.

Die etwa 35-jährige Frau, wie sich später herausstellt Mutter einer kleinen Tochter, wird vom Bestattungsunternehmen abgeholt. Die Unfallautos werden abgeschleppt.

Was wir gerade erlebt haben, ist der Alptraum jedes Einsatzwagenfahrers. Hoffentlich nie selbst so etwas mitmachen müssen.

Der Fahrer des Rettungswagens wird angezeigt. Egal, wie die gerichtliche Strafe ausfällt: Dieser Unfall hat sein Leben zerstört.

Granate

Später Vormittag an einem warmen Sommertag.

Kurz vor der Ablösung ruft uns ein Kollege eines Polizeipostens im Vorort an und meldet, dass bei ihm gerade eine Panzergranate abgegeben wurde. Also fahren wir nochmals los. Ein weiterer Kollege mit dem Polizeimotorrad ist schon auf dem Weg.

Wir kommen etwa gleichzeitig beim Polizeiposten an. Da kein Mensch zu sehen ist, gehen wir zum Eingang.

Als ich gerade klingeln will, sehe ich etwas Glänzendes vor meinen Füßen liegen: runde, zylindrische Form, etwa 25 cm lang und 12 cm Durchmesser.

Uns wird etwas mulmig. Ich klopfe lieber an die Tür, anstatt zu klingeln. Man weiß ja nie.

Der Kollege vom Posten öffnet und teilt uns mit, dass er mit dem Finder gerade schon eine Vernehmung durchführt.

Der hat die Granate nach Baggerarbeiten entdeckt, kurzerhand aufgehoben, zum Polizeiposten gebracht und dort vor der Haustür abgelegt.

Höflich bitten wir den Kollegen und den Finder aus dem Gebäude. Obwohl beide der Meinung sind, dass nichts passieren kann, entschließen wir uns doch, die Straße zu sperren und auch die nähere Umgebung von Personen frei zu halten.

Eine halbe Stunde später kommt der VW-Bus des Kampfmittelbeseitigungsdienstes vorgefahren.

Der Entschärfer holt die Panzergranate, schüttelt sie nahe an seinem Ohr, geht zu seinem VW-Bus und öffnet die seitliche Schiebetür.

Im VW-Bus steht eine gut ausgepolsterte, große Holzkiste. Der Mann geht gut drei Meter zurück, zielt und wirft die Granate aus dieser Entfernung einhändig in Richtung der Kiste. Noch während sie in der Luft unterwegs ist, steckt er sich die Finger in die Ohren.

Wir trauen unseren Augen nicht und warten auf die Explosion.

Es poltert jedoch nur, der Entschärfer lacht bei unserem Anblick laut, sagt „Da kann gar nichts mehr passieren!“ und fährt davon.

Wir stehen immer noch verdutzt da und schauen uns an. Dann fahren wir zur Dienststelle zurück und machen Feierabend.

Beziehungsstress

Weil seine Freundin, mit der er fünf Jahre zusammen war, ihm gesteht, dass sie ihn wegen eines anderen Mannes verlassen wird, dreht ein 29-Jähriger durch.

Die Frau geht aus der Wohnung. Er folgt ihr, holt sie auf dem Gehweg vor dem Haus ein, schlägt sie brutal mit den Fäusten in den Magen, hält ihr ein Messer an den Hals und zerrt sie zurück in die Wohnung.

Nachbarn, die die Situation vor dem Haus beobachtet haben, teilen über Notruf 110 mit, was geschehen ist.

Alle verfügbaren Streifen fahren den Tatort an. Das Haus wird umstellt. Notarzt und Krankenwagen stehen für den Ernstfall bereit.

Zu viert gehen wir mit Schutzwesten und gezogener Pistole ins Haus.

Der 29-Jährige muss wohl unsere Schritte gehört haben. Er öffnet die Wohnungstür, versteckt sich hinter der Frau, fuchtelt mit dem Messer herum und schreit, dass er sie umbringt, wenn wir näherkommen.

Wir gehen ein Stockwerk tiefer. Oben fällt die Tür ins Schloss.

Nachdem wir von den Nachbarn die Personalien des Täters in Erfahrung gebracht haben, gelingt es uns, seine in einem anderen Stadtteil wohnende Mutter ausfindig zu machen.

Die ist sofort bereit, uns zu helfen, und wird von einem Streifenwagen mit Blaulicht und Martinshorn abgeholt. Etwas bleich steigt sie aus dem Fahrzeug.

Es gelingt ihr, ihren Sohn zu überreden, die Frau gehen zu lassen. Sie wird im Krankenwagen behandelt.

Mit der Mutter drängen wir uns in die Wohnung.

Jetzt droht der Mann, sich selbst etwas anzutun, richtet sein Springermesser auf seinen Bauch, umfasst den Griff harakirimäßig mit beiden Händen und droht zuzustoßen.

Beruhigend reden wir auf ihn ein, unterhalten uns über Beziehungen von Männern und Frauen. Er entspannt sich etwas und lässt den Arm mit dem Messer sinken.

Wir nutzen den Augenblick, um ihn zu überwältigen und entwinden ihm das Messer.

Weil er die Klinge verzweifelt mit seiner rechten Hand festhält, trennt er sich dabei die Sehne seines Daumens ab.

Nach der Operation im Krankenhaus attestiert der behandelnde Arzt Haftfähigkeit, und der Mann verbringt den Rest der Nacht in der Zelle. Der Richter lehnt am nächsten Tag den Erlass eines Haftbefehls ab.

Zwei Tage später wohnt das Paar wieder zusammen.

Weihnachten

25. Dezember, der erste Weihnachtsfeiertag. Meine Kollegen und ich sind seit zwölf Uhr im Dienst. Wir haben gerade Kaffee getrunken, als wir zu einer Ruhestörung in einer Hauptverkehrsstraße gerufen werden.

Während mein Streifenpartner und ich auf das ziegelrote Gebäude zugehen, deuten Nachbarn aus ihren Fenstern verstohlen auf die Erdgeschosswohnung.

Vor der Haustür stehend hören wir, wie ein Mann und eine Frau sich lautstark anschreien.

Wir klingeln. Nur äußerst widerwillig lässt uns der erregte Wohnungsinhaber ein. Im Wohnzimmer sitzt seine Lebensgefährtin auf dem Sofa.

Der Raum sieht schrecklich aus: Zwei leere Bierkästen, zerschlagene Teller, der Fernsehapparat und Essensreste auf dem Boden, überquellende Aschenbecher.

Nur der Christbaum mit seinen roten Kugeln und der Lichterkette leuchtet in der Ecke friedlich vor sich hin.

Im beruhigenden Gespräch stellt sich heraus, dass die Frau in angetrunkenem Zustand gestolpert ist und dabei den Fernseher versehentlich zu Boden riss, was der nicht überlebte.

Da dies mitten im Spielfilm geschah, führte letztendlich dazu, dass die jetzt in ihrer Weihnachtsruhe empfindlich gestörten Nachbarn uns anriefen.

Nachdem es uns gelungen ist, den Streit der beiden zu schlichten, fahren wir zur Dienststelle zurück.

Das Fernsehprogramm gehört heute zum Weihnachtsfest wohl einfach dazu.

Hirschjagd

Der Park im Herzen der Stadt wird von der Bevölkerung zum Spazierengehen genutzt, und viele Eltern zeigen ihren Kindern dort die ersten Rehe und Hirsche ihres Lebens.

Die tierischen Parkbewohner haben sich an die Menschen gewöhnt und zeigen keine Scheu mehr vor ihnen.

Als mitten in der Nacht ein Anrufer mitteilt, dass zwei Hirsche gerade die Bundesstraße überquert haben, liegt der Verdacht nahe, dass sie irgendwie aus dem Parkgehege ausgerissen sind.

Wir begeben uns mit vier Streifenwagen auf die Jagd, um die Tiere einzufangen. Jede Streife bekommt eine Zaunwand des Parks zugeteilt.

An einer Stelle sind drei Zaunbretter ausgebrochen. Ob da ein Hirsch durchkommt? Wenn er klein ist vielleicht.

Voller Jagdfieber fahren wir durch die Straßen in der Nähe des Parks und suchen die Ausreißer, um sie zurückzutreiben. Zügig von einer Straße in die nächste.

Dann die Überlegung: Was tun, wenn wir die Hirsche tatsächlich sehen?

Wir werden spürbar langsamer. Keine Seile, kein Betäubungsgewehr, nichts dabei.

Als wir die Jagd eine halbe Stunde später abbrechen, sind wir froh, die Hirsche nicht gesehen zu haben.

Sicherheitshalber verschließen wir das Loch im Zaun provisorisch und hoffen, dass die Tiere von selbst zurückgekehrt sind.

Einen Schichtumlauf später teilt der Förster uns mit, dass er keinen Fehlbestand beim Wild feststellen konnte, und wir gehen jetzt beruhigt davon aus, dass dem tatsächlich so war.

Abgezockt

Schleichend hat sich in den letzten Monaten im Stadtpark ein Homosexuellenstrich etabliert.

Im dichten Gebüsch bieten jugendliche Stricher in warmen Sommernächten ihre Liebesdienste an. Die Freier kommen von nah und fern. Die Neuigkeit hat sich offenbar schnell herumgesprochen.

Auch ein Geschäftsmann aus dem benachbarten Landkreis ist neugierig. Er parkt sein Auto und geht zu Fuß in den Stadtpark hinein.

Dort trifft er zwei Jugendliche, man redet und wird sich schnell über den beabsichtigten Oralverkehr einig. Fünfundzwanzig Euro wechseln den Besitzer, und einer der Jugendlichen geht in die Knie.

Das zarte Streicheln einer Hand ist das Letzte, was der Mann mitbekommt, bevor die Dunkelheit um ihn explodiert.

Als er wieder zu sich kommt, hat er von dem Schlag mit einem Baseballschläger eine enorme Beule am Kopf. Sein Geldbeutel mit einigen hundert Euro, sein Personalausweis und seine Lederjacke fehlen.

Gedrückt und voller Scham kommt der Mann zum Polizeirevier und teilt mir mit, was ihm passiert ist.

Es ist dem verheirateten Familienvater sichtlich peinlich, über sein Erlebnis zu sprechen. Eine Anzeige erstattet er auch nur wegen des gestohlenen Ausweises.

Als ich ihm verspreche, dass die Sache diskret behandelt wird, ist er sehr erleichtert.

Nach der Aufnahme des Sachverhalts kann er gar nicht mehr aufhören zu reden: Dass er sich nach einer reifen Männerbeziehung sehnt, dass die Stricherfahrungen nur Ersatzhandlungen sind, die ihn selbst anekeln, dass er seine Familie nicht verlassen kann. Dass für ihn die Zeit, sich offen zu seiner Veranlagung zu bekennen, noch nicht reif ist.

Mit seinem Personalausweis, den eine Streife in einem Papierkorb gefunden hat, verlässt er die Dienststelle.

Es hat ihm wahrscheinlich gut getan, sich einmal ohne Verstellung unterhalten zu können.

Todessehnsucht

Vor einem halben Jahr wurde die 68-Jährige Frau von ihrem einzigen Sohn im Altersheim untergebracht.

Seine Wohnung ist zu klein, und er hat nicht die Zeit, sich um seine pflegebedürftige Mutter zu kümmern. Im Heim hat sie ja ein schönes Zimmer und die notwendige Betreuung.

Anschluss findet sie allerdings nicht. Vielleicht vermisst sie auch die Nachbarin aus der Straße, in der sie gewohnt hat.

Sie sitzt jeden Nachmittag am Fenster des Aufenthaltsraums und schaut hinaus auf den herbstlichen Wald gegenüber. Die freundlichen Worte des Pflegepersonals nimmt sie kaum wahr.

Eines Tages ist ihr nachmittäglicher Platz am Fenster leer. Die Suche, die der Leiter des Altenheims im Haus veranlasst, bringt keinen Erfolg.

Daraufhin verständigt er das Polizeirevier.

Mein Kollege, ein Polizeiobermeister und ich, fahren zum Altenheim.

Dort nehmen wir eine Vermisstenanzeige auf und erheben die Personenbeschreibung der Frau: 68 Jahre alt, schütteres, graues, schulterlanges Haar, faltiges Gesicht, dunkle Hornbrille, blauer knielanger Rock und eine beige Strickjacke.

Nachdem wir die nähere Umgebung des Altenheims abgesucht haben, durchsuchen wir mit mehreren Streifen den Wald in der Nähe.

Die 68-Jährige ist nicht die erste Vermisste aus dem Altenheim, und oft haben wir die Gesuchten in diesem Wald gefunden.

Ein Polizeihubschrauber unterstützt uns aus der Luft. Doch heute haben wir kein Glück, die Frau bleibt verschwunden.

Wir werden abgelöst. Die nachfolgende Schicht sucht mit Taschenlampen, ebenfalls ohne Erfolg, weiter.

Am nächsten Tag werden alle verfügbaren Beamten des Polizeireviers mobilisiert. Der Wald wird in Sektoren eingeteilt und alles gründlich abgesucht. Immer noch nichts. Man könnte meinen, die 68-Jährige habe sich in Luft aufgelöst.

Nach einer weiteren erfolglosen Nacht geht meine Schicht zu Ende.

Einen Tag später lese ich in der Zeitung, dass die vermisste Frau in dem Wald, in dem wir drei Tage lang gesucht haben, tot aufgefunden wurde.

Ein Kollege erzählt mir später, dass sie sich richtiggehend im Laub vergraben hat, vermutlich um dort in Ruhe sterben zu können.

Haftbefehl

Zu viert sind wir früh am Morgen unterwegs, um einen Haftbefehl zu vollziehen. Nichts Großes. Ein polizeibekannter Mann, der immer wieder wegen Diebstählen auffällt.

Sein bisschen Geld braucht er für Alkohol und weil er einen Strafbefehl nicht bezahlt hat, muss er jetzt eine Ersatzfreiheitsstrafe von 30 Tagen antreten.

Zwei Kollegen sichern die Ausgänge des Mehrfamilienhauses, während mein Streifenpartner und ich klingeln und an die Wohnungstür klopfen.

Keine Reaktion. Ein Druck auf die Türklinke und die Tür schwingt nach innen auf. „Hallo, Polizei! Ist jemand da?" Nichts zu hören.

Wir durchsuchen die Wohnung und finden den Mann schlafend auf der Couch im Wohnzimmer. Der Fernseher läuft noch.

Als wir ihn wecken und ihm erklären, dass er festgenommen ist, versteht er vor Schlaftrunkenheit gar nichts.

Dann greift er plötzlich mit einer Geschwindigkeit, die wir ihm nie zugetraut hätten, neben die Couch und erwischt zielsicher die dort stehende, halbvolle Rotweinflasche.

Ohne dass wir es hätten verhindern können, setzt er sie an und leert sie in wenigen kraftvollen Zügen. Danach kommt etwas Farbe in sein Gesicht, er erwacht zum Leben und kommt widerstandslos mit.

Bestimmt wird es nicht leicht für ihn, die 30 Tage zu überstehen.

Hausdurchsuchung

Früher Samstagmorgen, ein Uhr. Nachbarn melden einen Einbruch in eine Villa. Die Täter könnten noch im Objekt sein.

Mit drei Streifenwagenbesatzungen treffen wir ohne Sondersignal ein. Die Täter sollen ja nicht vorgewarnt werden.

Die Balkontür der Villa ist eingeschlagen. Überall Glasscherben. Im Haus ist es dunkel.

Eine Streife sichert den Außenbereich und die beiden anderen, einmal Kriminalpolizei, einmal Schutzpolizei, gehen hinein.

Mit gezückten Pistolen und Taschenlampen durchsuchen wir Raum für Raum. Das Licht funktioniert nicht. Jemand hat die Sicherung ausgeschaltet.

Da höre ich plötzlich ein Geräusch hinter der Türe vor mir. Ich gebe meinem Streifenpartner ein Zeichen und bringe Pistole und Taschenlampe in Position.

Mit einem lauten „Polizei!" stoßen wir die Tür auf und über den Lauf meiner Pistole blicke ich in die Pistole und das schreckensbleiche Gesicht eines Kollegen der Kriminalpolizei.

Vorsichtig lassen wir unsere Waffen sinken und sind beide recht froh, dass wir in dieser angespannten Situation die Nerven bewahrt haben.

Einbrecher finden wir bei der Durchsuchung indes nicht.

Grillsaison

Die Zulassungsprüfung für den gehobenen Dienst ist geschafft und endlich geht es los – das Studium an der Fachhochschule der Polizei in Villingen-Schwenningen, um Kommissar zu werden.

Während wir uns in den modernen Lehrsälen der Fachhochschule mit Strafrecht, Psychologie, Verkehrsrecht, Informatik und vielem mehr beschäftigen, sind wir im alten leicht verfallenen Kloster Mariatann am Rande der Stadt untergebracht, von wo aus jeden Morgen der Bus zur Fachhochschule fährt.

Dreibettzimmer, rostiges Wasser in der Sammeldusche, Abendessen um 17 Uhr, damit die Kantinenmitarbeiter auch bald Feierabend machen können.

Ein wenig eingeschränkt ist der Tagesablauf schon. Besonders das frühe Abendessen liegt uns nicht.

Einer meiner Zimmerkollegen kommt deshalb auf den Gedanken, einen alten Tischgrill von zu Hause mitzubringen.

Gesagt, getan. Am nächsten Montagabend eröffnen wir mitten im Winter in unserem Drei-Mann-Zimmer die Grillsaison. Ein paar nette Kollegen sind eingeladen. Der Grill steht auf dem Tisch, und am Spieß dreht sich ein Rollbraten.

Gelegentlich steigen ordentliche Rauch- und Dampfschwaden auf, aber es riecht schon richtig gut. Wir freuen uns auf den Braten und die sich nähernden Martinshörner nehmen wir kaum wahr.

Erst als Feuerwehrmänner in voller Montur ins Kloster stürmen, sind wir plötzlich hellwach.

Die Frage, ob wir nicht damit gerechnet hätten, dass die unter der Zimmerdecke montierten Rauchmelder einen Feueralarm auslösen könnten, müssen wir uns wohl oder übel gefallen lassen.

Als die Feuerwehr wieder davonfährt, sind wir froh, mit einem Kasten Bier als Strafe glimpflich davongekommen zu sein.

Kein Erbarmen

Als während des Studiums im Schwarzwald der erste Schnee fällt, ist die Schneeballschlacht unter den Studenten vorprogrammiert.

Ich lande einige gute Treffer und muss mich angesichts meines stark geschrumpften Schneeballvorrats in Sicherheit bringen.

So schnell ich kann, renne ich über die geschlossene Schneedecke davon, als ich plötzlich mit einem Bein recht schmerzhaft in einen zugeschneiten Lichtschacht ohne Abdeckung sacke.

Mein Steiß tut höllisch weh, doch mein Stöhnen hält die lachend mit ihren Schneebällen auf mich zukommenden Kollegen nicht auf.

Sie kennen kein Erbarmen!

Notlandung

Um die Einsatzmöglichkeiten eines Polizeihubschraubers beurteilen zu können, darf ich heute an einem Streifenflug teilnehmen. Am Stuttgarter Flughafen geht es los.

Der Hubschrauber hebt sich sanft vibrierend in die Luft, der Pilot stellt die Nase nach unten, und nach der Startfreigabe beginnt der Flug entlang der Autobahn.

Verkehrsaufklärung, Umweltstreifen, Vermisstensuche und Einsatzleitung aus der Luft: Von hoch oben sieht doch einiges anders aus. Nur schwer sind die Spaziergänger im Wald zu erkennen.

Beim Tiefflug wird es leichter, doch die dabei notwendige Konzentration von Pilot und Copilot, Hindernissen wie Stromleitungen oder Bauwerken auszuweichen, flößt mir großen Respekt ein.

Als dann Regen und Windböen einsetzen und unser Luftgefährt unsanft hin und her gerüttelt wird, schaut der Copilot besorgt nach hinten. Die Frage „Alles klar?" hat durchaus ihre Berechtigung, denn im Fall des Falles reinigen die Piloten die Kabine selbst.

Mir ist von den Windstößen und Luftlöchern zwar etwas mulmig im Magen, aber es geht noch.

Als wir uns nach zwei Stunden wieder dem Flughafen nähern, frage ich den Piloten, wie denn eine Notlandung mit dem Hubschrauber funktioniert. Das hätte ich besser nicht getan, denn er zeigt es mir sofort.

Wie ein Expressfahrstuhl steigt der Hubschrauber über den Landeplatz, bis er plötzlich still steht und der Pilot einen Schalter umlegt.

Der Hubschrauber sackt wie ein Stein nach unten. Immer schneller werden wir, bis endlich die Autorotation einsetzt und der Rotor wie ein Windrad in Bewegung kommt.

Unser Fall wird immer weiter abgebremst, und der Pilot setzt den Hubschrauber ohne Motor sanft wie eine Feder auf der Landebahn auf.

Spätestens seit diesem Zeitpunkt bin ich vom fliegerischen Können unserer Polizeihubschrauberstaffel absolut überzeugt.

Pech

Gegen drei Uhr morgens kommt der Anruf von der Feuerwehrleitstelle: Feueralarm aus einem großen Kaufhaus im Westen der Stadt.

Alle verfügbaren Streifen fahren an.

Als wir am Kaufhaus eintreffen, ist das Leitfahrzeug der Feuerwehr schon da.

Wir können nichts feststellen. Weder Flammen noch Rauch.

Allmählich treffen auch die schweren Löschfahrzeuge ein. Der Einsatzleiter der Feuerwehr hat einen Schlüssel zum Kaufhaus.

Auf dem Display der Feuermeldeanlage stellt er fest, dass der Alarm an einem Handmelder im Zugangsbereich des Kaufhauses vom oberen Parkdeck her ausgelöst wurde. Wir fahren hin.

Als wir aus dem Streifenwagen aussteigen, hören wir schon verhaltene Hilferufe aus dem verschlossenen Treppenhaus.

Die Feuerwehr schließt die Tür auf, stellt fest, dass es nicht brennt, und lässt uns den Vortritt.

Neben dem Feuermelder im Untergeschoss sitzt ein blutüberströmter junger Mann inmitten von Glasscherben. Ein Blick nach oben zeigt uns, dass dort ein aus vier Glasbausteinen bestehendes Lüftungsfenster eingeschlagen wurde.

Während wir die Verletzungen anschauen und feststellen, dass es sich um nichts Ernstes handelt, beginnt der Mann von sich aus zu erzählen: Nach dem Discobesuch kam er auf die Idee, sich aus dem nahe gelegenen Kaufhaus noch etwas zu trinken mitzunehmen.

Um ins Kaufhaus zu klettern, schlug er das Lüftungsfenster vom Parkdeck aus ein.

Allerdings hatte er in seinem angetrunkenen Zustand nicht berücksichtigt, dass das Fenster recht klein war, was zur Folge hatte, dass er steckenblieb und sich weder vor- noch rückwärts bewegen konnte.

So hing er dann etwa 90 Minuten im Fenster, bevor er nochmals alle Kräfte mobilisierte, nicht auf die Glasscherben im Fensterrahmen achtete und seinen Körper ins Innere des Gebäudes wuchtete.

Weil sich dort aber ein Treppenhaus befand, stürzte er vier Meter hinunter und landete in den Scherben des Lüftungsfensters.

Daraufhin wollte er das Treppenhaus verlassen und stellte fest, dass sowohl die schwere Stahltür zum Kaufhaus wie auch die zum Parkdeck abgeschlossen war.

Also schlug er in seiner Verzweiflung den Feuermelder ein.

Der erste Einbrecher, der sich darüber freut, die Polizei zu sehen.

Pistole

Seit drei Stunden sind wir in diesem Nachtdienst auf Streife. Es ist ruhig und außer einer kleineren Hausstreitigkeit, die wir schnell bereinigen, erhalten wir keine Aufträge vom Polizeirevier.

In der Stadt ist heute definitiv nichts los, und die Zeit will einfach nicht vergehen. Wir beschließen, zum Revier zu fahren und eine Tasse Kaffee zu trinken.

Kaum eingeschenkt und noch zu heiß, um die Tasse an die Lippen zu führen, kommt unser nächster Auftrag. Unfall mit Verletzten. Beschleunigte Anfahrt!

Der Kaffee bleibt stehen und, so schnell es geht, fahren wir mit Blaulicht und Martinshorn zur Unfallstelle, um uns dort um alles zu kümmern.

Als die Verletzten vom Rettungsdienst versorgt, die Autos abgeschleppt und alles Notwendige festgehalten ist, fragt mein Kollege unvermittelt, wo meine Pistole ist.

Schlagartig fährt meine Hand zur Hüfte: Keine Pistole und kein Holster.

Verdammt! Es ist nicht das erste Mal, dass so etwas passiert. Wenn die Holster ausgeleiert sind, geht gelegentlich der Verschluss auf.

Wir durchsuchen unseren Streifenwagen und suchen anschließend die ganze Unfallstelle ab. Nichts.

Also zum Abschleppunternehmer, wo wir uns die unfallbeteiligten Fahrzeuge vornehmen. Wieder nichts.

Dann der Funkspruch vom Revier, dass wir sofort zurückkehren sollen.

Ein Passant hat meine Waffe samt Holster vor dem Polizeirevier gefunden und sie dort abgegeben. Ich muss sie beim Aussteigen aus dem Streifenwagen verloren haben.

Mir fällt ein schwerer Stein vom Herzen. Nicht auszudenken, was damit hätte passieren können.

Die Runde nach Schichtende bezahle ich angesichts meiner Erleichterung gerne.

Polizeielefant

Die Bevölkerung staunt nicht schlecht, als auf der Titelseite der örtlichen Zeitung ein Bild eines mitten in der Stadt auf einem Elefanten reitenden Polizisten erscheint.

Besonders bei Demonstrationen und zur Räumung schwerer Hindernisse im Katastrophenfall soll der Polizeielefant eingesetzt werden.

Fragen über Fragen. Das Telefon der Pressestelle der Polizeidirektion läuft heiß. Die Polizei Baden-Württembergs bundesweit auf neuen Wegen?

Eher nicht.

Am nächsten Tag, dem 2.April, erfolgt dann die Richtigstellung, dass das Foto bei der Begleitung des neu in der Stadt eingetroffenen Zirkus vom Bahnhof zum Festplatz entstand und die Erstberichterstattung den geschilderten Hintergrund vollständig falsch darstellte.

Suizidversuch

In der Einsatzzentrale geht ein aufgeregter Notruf ein. Eine Frau will sich von der Autobahnbrücke stürzen.

Die Kollegen der Autobahnpolizei fahren mit mehreren Streifenwagen nebeneinander her, bremsen den Verkehr langsam ab und machen alle Fahrbahnen der Autobahn dicht.

Wir erhalten den Auftrag, zu unterstützen und den sich bildenden Stau aus nördlicher Richtung abzusichern.

Weil sich am Stauende auf dem linken Fahrstreifen bereits ein Auffahrunfall ereignet hat, fangen wir dort an. Den Streifenwagen stellen wir mit Blaulicht und Warnblinkanlage weit vor der Unfallstelle ab. Mit Pylonen, Warnleuchten und Verkehrszeichen vor dem Streifenwagen tun wir ein Weiteres.

Nachdem die Unfallstelle und das Stauende ordentlich abgesichert sind, gehen wir auf die Unfallfahrzeuge zu, als plötzlich von hinten Bremsen und ein lauter Knall zu hören sind. Unwillkürlich ziehen wir das Genick ein.

Mit voller Wucht ist ein schwerer Wagen auf unseren Streifenwagen geprallt und hat den ein gutes Stück nach vorne geschleudert.

Glück für die Beteiligten des ersten Auffahrunfalls. Wäre unser Streifenwagen nicht da gewesen, hätten sie angesichts der Situation um ihr Leben bangen müssen. Unser um ein gutes Drittel kürzerer Dienstwagen lässt da keine Fragen offen.

Glück für uns, weil wir schon weit genug vom Streifenwagen entfernt waren.

Pech für den Unfallfahrer, der mit Knochenbrüchen ins Krankenhaus eingeliefert wird und wegen seiner Alkoholfahne den Führerschein abgeben muss.

Glück übrigens auch für die Frau auf der Autobahnbrücke. Es gelingt den Kollegen, sie von ihrem Vorhaben abzubringen und in ärztliche Behandlung zu überstellen.

Nach zwei Stunden rollt der Verkehr auf der Autobahn wieder.

Freunde

Die Ausbildung zum höheren Polizeidienst bringt im Laufe eines mehrjährigen Vorauswahlverfahrens den Einsatz bei vielen Polizeidienststellen unterschiedlichster Art mit sich.

Gegenüber von meinem Schicksalsgenossen Volker W. sitze ich bei der Landespolizeidirektion in Stuttgart an meinem Schreibtisch. Gemeinsam bereiten wir einen größeren Einsatzbefehl vor.

Wir teilen uns ein Telefon, und als es läutet, hebt Volker ab. Auf meine Arbeit konzentriert nehme ich anfänglich nur wahr, wie er sich freundlich mit einer Anruferin unterhält.

Aufmerksamer werde ich, als er ins Telefon sagt, dass ich heute frei hätte und nicht im Büro wäre. Fragend schaue ich meinen Kollegen an. Doch der lässt sich nicht stören, zwinkert mir kurz zu und spricht ungerührt weiter.

Da dämmert mir etwas. Die leise Stimme der Anruferin kommt mir bekannt vor – ich kenne sie von zu Hause.

Schnell reiße ich meinem Kollegen das Telefon aus der Hand, werfe ihm ein Schimpfwort an den Kopf und beeile mich dann, das Weltbild meiner Frau wieder ins Lot zu bringen.

Unser Telefonat endet mit einem Satz, der auch für Volker W. bestimmt ist. „Wer solche Freunde hat, braucht keine Feinde!“

Verbellt

Im Rahmen dieser Ausbildung bin ich für ein paar Monate Streifendienstleiter beim Polizeirevier in Heilbronn.

Auf der Suche nach einem freien Computer gehe ich durch die Diensträume.

„Kein Problem“, sagt der Polizeihundeführer, als ich ihn frage, ob ich an dem PC neben seinem schlafenden Polizeihund schreiben kann.

Ich setze mich und habe schon eine halbe Seite geschrieben, als der Hund plötzlich aufwacht. Wir sind nun allein im Zimmer. Er schüttelt den Kopf, schaut mich ungläubig an und schon sitzt er vor mir und verbellt mich. Ein Dobermann, ein Hund von Baskerville im Dienst der Polizei.

Ganz ruhig und regungslos bleibe ich sitzen, während vor mir riesige Hundezähne im weit aufgerissenen Maul blitzen. Nicht einmal zu rufen wage ich, und einfach aufstehen und weggehen käme einer Selbstverstümmelung gleich.

Endlich - für mich nach Stunden, real wahrscheinlich nur nach Sekunden – kommt der Hundeführer, und sein Kommando lässt den Hund sofort verstummen.

„Der kennt dich halt noch nicht. Hier, gib ihm einen Keks!“ Er drückt mir einen Hundekeks in die Hand, und so wie der Dobermann danach schnappt, fürchte ich, meine Finger zu verlieren.

Obwohl die Fütterung gut ausgeht, warte ich in Zukunft lieber, bis ein Computer in einem anderen Raum frei wird.

Abschiebung

Immer wieder kommt es zu Abschiebungen. Wenn die Maßnahme behördlich angeordnet ist und keine Hinderungsgründe mehr da sind, die Betroffenen aber nicht freiwillig ausreisen, ist die Polizei gefragt.

Heute geht es um eine Familie aus einem osteuropäischen Land. Das Ehepaar lebt seit Jahren hier, der Mann arbeitet, die beiden Kinder gehen zur Schule. Ordentliche Leute, wie die Nachbarn sagen.

Mit einem VW-Bus fahren wir zur Wohnung der Familie. Es ist früh am Morgen, und mit verschlafenem Gesicht öffnet die Frau die Tür.

Als wir ihr sagen, worum es geht, beginnt sie laut zu klagen. Schnell stimmen auch ihr Mann und die Kinder ein. Sie wollen hier bleiben, die Frau sei krank und nicht abschiebefähig, die Kinder hätten keinerlei Bezug zur Heimat der Eltern.

Bald sind wir nicht mehr allein. Nachbarn kommen, der Pfarrer kommt. Alle setzen sich für die Familie ein.

So gut wir die Situation der Familie nachvollziehen können, müssen wir doch hart bleiben und das Recht unseres Staats durchsetzen.

Die weinenden Kinder und die sich zwischenzeitlich stumm und mit gesenktem Blick in ihr Schicksal ergebenden Eltern machen uns die Fahrt zum Frankfurter Flughafen schwer.

Als wir die Familie dort mit ihren Habseeligkeiten an die Bundespolizei übergeben, sind auch wir in gedrückter Stimmung. Passende Abschiedsworte fallen uns nicht ein.

Die Rückfahrt zur Dienststelle verläuft weitgehend schweigend. Jeder von uns hängt seinen eigenen Gedanken nach.

Brandanschlag

Brandanschlag auf das Asylbewerberheim. Alle verfügbaren Streifen fahren sofort an. Die Feuerwehr ist da, ein Rettungswagen unterwegs.

Als wir eintreffen, herrscht ringsum große Aufregung. Ein Fenster einer Wohnbaracke wurde mit einem Molotow-Cocktail eingeworfen. Das sich ausbreitende Feuer konnte von einem geistesgegenwärtigen Hausbewohner schnell gelöscht werden.

Etwa 25 Personen gehen kreuz und quer im Hof der Wohngebäude umher. Die Stimmung ist im wahrsten Sinn des Wortes aufgeheizt.

Wild gestikulierend geht ein Asylbewerber von etwa 20 Jahren auf einen Polizeihundeführer zu. Wie sich später herausstellt, ist es der Mann, der das Feuer gelöscht hat.

Der Polizeihund geht angesichts der heftigen Armbewegungen von einem Angriff aus, will sein Herrchen schützen, macht einen Riesensatz und beißt den Mann, der sich von seinem Bellen unbeeindruckt zeigt, in den Oberschenkel.

Der Asylbewerber geht laut schreiend zu Boden. Auf das Kommando „Aus!" reagiert der durch den Tumult aufgestachelte Polizeihund nicht. Er hält fast verkrampft den Oberschenkel fest im Biss.

Nur mit größter Mühe gelingt es dem Hundeführer, Ober- und Unterkiefer seines Tieres auseinander zu ziehen, damit der immer noch vor Schmerz schreiende Mann befreit werden kann.

Während wir die Fahndung nach einem Auto einleiten, das unmittelbar vor der Tat beim Asylbewerberheim gesehen wurde, wird der junge Mann ärztlich versorgt, und seine Personalien werden festgestellt.

Die Situation beruhigt sich, und in unserer Anzeigenaufnahme dokumentieren wir auch den Hundebiss, damit der Asylbewerber für seinen erlittenen Schmerz eine Entschädigung des Landes erhalten kann.

Erklärungsnot

Samstag, 15 Uhr.

Schwerer Verkehrsunfall auf der Autobahnausfahrt. Ein Autofahrer verlässt die Autobahn mit hoher Geschwindigkeit und kracht frontal in die Leitplanke. Sein Auto überschlägt sich. Der nicht angegurtete Fahrer wird aus dem Fahrzeug geschleudert und vom eigenen Auto überrollt.

Mit Knochenbrüchen und einer Vielzahl von inneren Verletzungen stirbt der 38-Jährige noch an der Unfallstelle.

Der Unfallhergang ist aufgrund der Spurenlage schnell geklärt. Zu hohe Geschwindigkeit, allein beteiligt, kein Fremdverschulden.

Was mein Streifenpartner und ich erst später erfahren, uns aber sehr nachdenklich macht: Vor zwei Jahren hatte der Mann an genau der gleichen Stelle schon einmal einen Unfall. Damals entstand nur Sachschaden.

Heute wie beim ersten Mal hatte er seine Familie ganz normal verlassen. Kein Streit, keine Niedergeschlagenheit oder Depression, kein Abschiedsbrief, kein Hinweis auf Suizid.

Die Frage nach dem Warum bleibt.

Absacker

An der Polizeiführungsakademie, der heutigen Deutschen Hochschule der Polizei, werden Polizisten für den höheren Dienst der Polizei im letzten Ausbildungsabschnitt bundesweit gleich ausgebildet.

Dies bringt einsatztaktische Vorteile bei Länder übergreifenden Lagen wie Geiselnahmen oder Katastrophenfällen mit sich. Die unproblematische Zusammenarbeit ist gesichert, weil die Polizei in allen Ländern das gleiche Konzept fährt.

Daneben hat die gemeinsame Ausbildung den wertvollen und wichtigen Nebeneffekt, dass man persönliche Verbindungen zu Polizeikollegen aus allen Ländern aufbauen kann, die einem in der späteren Führungsarbeit zugute kommen können.

Über das gemeinsame Lernen hinaus werden die aufkeimenden Verbindungen auch gerne mit einem kleinen Absacker nach getanem Tagwerk gepflegt.

So weit, so gut! Bis eines Tages die hervorragende Auslandsarbeit der Polizeiführungsakademie dieser schönen Tradition ein vorübergehendes Ende setzt.

Seit einer Woche ist eine größere Delegation der russischen Polizei zum Erfahrungsaustausch da, und als wir am Donnerstagabend ins Casino, die gemütliche Kneipe auf dem Campus, gehen, schüttelt die Bedienung bei der Bestellung unseres Wodka-Lemon nur bedauernd den Kopf.

Die notwendigen Wodkavorräte waren nach einer Woche Pflege der Auslandsbeziehungen komplett aufgebraucht – übrigens das erste und einzige Mal, dass ich derartiges erlebt habe.

Segeltörn

Drittes Septemberwochenende, und wie jedes Jahr an diesem Wochenende steht das Treffen mit den Kollegen meiner Lehrgruppe der Polizeiführungsakademie auf dem Programm.

Damals haben wir im nordrhein-westfälischen Münster-Hiltrup gemeinsam für die Weihen des Höheren Polizeidienstes gebüffelt.

Das hat ganz schön zusammengeschweißt, und die gute Kameradschaft hält an. Wenn wir uns heute gemeinsam mit unseren Frauen einmal im Jahr in verschiedenen Bundesländern treffen, stehen allerdings die immer besser werdende Erinnerung ans Studium, die Kultur und das Kulinarische im Mittelpunkt der Begegnungen. So auch dieses Jahr an der Ostsee.

Nach einem schönen Abendessen in einem guten Fischrestaurant, warten am darauf folgenden Samstag eine Stadtführung in Flensburg und ein Segeltörn auf uns.

Am frühen Nachmittag besteigen wir unser Schiff, einen schönen Segler aus Holz, der einen sehr ordentlichen Eindruck macht.

Der Skipper begrüßt uns freundlich, Leinen los, und wir sind auf dem Meer. Nach einer Stunde Fahrt kommt ablandiger Wind auf. Keine Chance, mit unserem Segelboot wieder in den Hafen zurückzukommen. Der kleine Außenbordmotor schafft es einfach nicht. Hilfe ist angesagt.

Ein Funkspruch unseres Kapitäns und kurze Zeit später legen zwei starke Motorschlauchboote am Segler an, um uns zu übernehmen und zum Ausgangsort der Tour zurückzubringen.

Als unser Skipper seine Jacke auszieht, um uns beim Umsteigen zu helfen: Blankes Entsetzen!

Unter seiner Seglerjacke kommt ein Greenpeaceoverall zum Vorschein. Und das passiet uns, wo fast jeder einmal in die Durchführung von Castor-Transporten eingebunden war und sich mit Aktionen dieser Organisation auseinander setzen musste. Damit nicht genug:

Die Besatzungen der Schlauchboote tragen die gleichen Overalls.

In unser Schicksal ergeben – eine andere Möglichkeit, an Land zu kommen, haben wir ja nicht – steigen wir in die Boote und werden in rasanter Fahrt zum Hafen gebracht. Ob wir dabei nass werden, weil wir Polizisten sind, oder ob das wirklich unvermeidlich ist, wissen wir nicht.

Endlich wieder festes Land unter den Füßen, hoffen wir alle nur darauf, morgen in der Sonntagszeitung keine Schlagzeile nach dem Motto „Greenpeace rettet Polizei aus Seenot“ zu lesen.

Das Abendessen entschädigt uns für dieses Erlebnis, und was bis heute bleibt, ist auf jeden Fall ein hoher Erinnerungswert.

Eigentlich waren die Greenpeace'ler ja ganz nett.

Zu spät

Jahreshauptversammlung bei der Kreisjägervereinigung. Als Polizeichef bin ich eingeladen und wegen der vorbildlichen Zusammenarbeit der Jäger mit der Polizei gehe ich gerne hin.

Im Rahmen unserer seit Jahren bestehenden Sicherheitspartnerschaft verbindet uns einiges.

Die Jagdverantwortlichen kümmern sich um angefahrenes Wild, stellen Wildunfallbescheinigungen aus und veranstalten gemeinsam mit der Polizei einen jährlichen Waldrangertag. Ein besonderes Erlebnis für Kinder, bei dem Schulklassen viel über die Natur erfahren, Umweltschutzgedanken vermittelt bekommen, Tiere im Wald beobachten können und nach dem obligatorischen Tannenzapfenweitwurf auch mit Würstchen vom Grill und Limonade versorgt werden.

Die Versammlung nimmt ihren Gang. Grußworte, Bericht und Entlastung des Vorstands und ein reich bebilderter Vortrag über die Ethik des Jagdrechts, der sich etwas in die Länge zieht. Man merkt dem Redner an, dass er Spaß an der Sache hat.

Nach Ende seines Vortrags wird er mit reichem Applaus belohnt, und weil der Abend schon fortgeschritten ist, verabschieden sich die Teilnehmer und strömen nach Hause.

Unbeabsichtigt werde ich beim Hinausgehen Zeuge eines Gesprächs zwischen zwei vor mir gehenden Jägern.

Der eine stöhnt gepresst: „Mensch, jetzt habe ich mir seit gut zweieinhalb Stunden das Furzen verdrückt und jetzt kann ich nicht mehr!“

Als ich ein Schmunzeln und Räuspern nicht unterdrücken kann, drehen sich beide um, erkennen im Halbdunkel die Polizeiuniform und brechen angesichts meines Grinsens selbst in herzhaftes Gelächter aus.

Nachruf für eine Kollegin

Zu weich für die Polizei,

zu unsicher fürs Leben,

Angst vorm Versagen,

dem Leben nicht gewachsen.

Schade, dass du dich für diesen Weg entschieden hast.

Polizist zu sein...

Polizist zu sein, vermittelt Eindrücke vom Leben.

Schöne, glückliche, rührende, traurige, schmerzhafte, belastende – aber immer echte!

Eindrücke und Erfahrungen,

die ich nie missen möchte,

die helfen, das Leben zu verstehen,

die dazu beitragen, das Glück im eigenen Leben zu erkennen.

Eindrücke, die mich auch jetzt – nach fast dreißig Jahren bei der Polizei – die Entscheidung für diesen Beruf noch einmal treffen ließen.